教子有方
1000 句

王晓 著

中国纺织出版社有限公司

内 容 提 要

本书以儿童发展心理学与脑科学为底层逻辑,按"学习习惯培养""生活习惯养成""情绪管理"等高频场景分类,为父母提供1000句"拿来即用"的沟通模板。通过情景化的呈现,帮助父母快速找到解决方案,无论是学习、习惯还是情商问题,无论是日常交流还是冲突现场,父母都能轻松应对。这本书不仅是一本家教指南,更是一份社会责任的体现,倡导积极向上的教育理念,帮助父母更好地理解孩子的需求,用爱与智慧引导他们成长,培养出自信、乐观、有责任感的新一代。

图书在版编目(CIP)数据

教子有方1000句 / 王晓著. -- 北京:中国纺织出版社有限公司, 2025.5. -- ISBN 978-7-5229-2698-8

Ⅰ. G782

中国国家版本馆CIP数据核字第2025E72W62号

责任编辑:邢雅鑫　责任校对:高　涵　责任印制:储志伟

中国纺织出版社有限公司出版发行
地址:北京市朝阳区百子湾东里A407号楼　邮政编码:100124
销售电话:010—67004322　传真:010—87155801
http://www.c-textilep.com
中国纺织出版社天猫旗舰店
官方微博http://weibo.com/2119887771
鸿鹄(唐山)印务有限公司印刷　各地新华书店经销
2025年5月第1版第1次印刷
开本:880×1230　1/32　印张:6.5
字数:140千字　定价:48.00元

凡购本书,如有缺页、倒页、脱页,由本社图书营销中心调换

前言

在陪伴孩子成长的过程中，父母既是引导者，也是学习者。每个孩子都如同一本待写的书，充满无限可能，而父母的教育方式则是书写其人生篇章的关键笔墨。如何让这本"书"既有深度又不失温度？如何以恰当的方式激发孩子的潜能？这是每位父母都需要思考的课题。

真正的教育，在于发现并培养孩子的独特优势，而非仅仅聚焦于纠正他们的不足。美国心理学家卡罗尔·德韦克强调，恰当的鼓励机制对于塑造孩子的"成长型思维"至关重要，这种思维模式让孩子坚信通过不懈努力，能力可以不断得到提升。家长在日常互动中的智慧反馈，是培育这种思维模式的基石。举例来说，当孩子因考试未达预期而情绪低落时，一句"我注意到你付出了很多努力，我们可以一起回顾错题，下次做得更好"的鼓励，远比简单的"没关系，下次加油就好"更能激发孩子的内在动力。前者引导孩子将注意力从单一的分数结果转移到努力过程上，让他们认识到努力本身就是值得肯定的；而后者虽意在安慰，却可能无意中强化了以结果为唯一评判标准的观念。研究证实，那些其努力被肯定的孩子，更勇于面对挑战，因为他们深信，通过持续练习，自己的能力能够不断精进。

然而，有效地夸奖并非易事。首先，我们应聚焦于过程而非结果。例如，当孩子用积木搭建了一座略显歪斜的"城堡"时，与其评价"搭得真高"，不如说："你用了不同大小的积木组合，这个设计很有创意！"这种反馈能让孩子明白，他们的策略和尝试过程比成果更值得关注。其次，真诚是夸奖的核心，一定要拒绝敷衍。孩子对情感的敏感度远超成人。当父母一边刷手机一边说"画得不错"时，孩子感受到的可能是敷衍；相反，若父母放下手机，认真观察后说："这只小猫的胡须画得特别生动，你是怎么想到的？"孩子则会因被重视而备受鼓舞。真诚的互动不仅能增强亲子间的信任，还能教会孩子如何用心对待他人。

本书的初衷并非提供一套刻板的"话术模板"，而是希望与父母共同探索教育的本质。书中从学习习惯、情绪管理、社交能力等多个维度展开，通过对具体情境的深入解析，帮助父母掌握"何时夸、夸什么、如何夸"的核心逻辑。每个案例均有儿童发展心理学的理论支撑，力求在严谨性与实用性之间找到最佳平衡。

我们深知，教育没有放之四海而皆准的答案，每个家庭都有其独特的节奏与需求。然而，唯一不变的是，孩子的成长需要爱与智慧的共同滋养。愿这本书能成为您育儿路上的良师益友，让我们以欣赏的眼光陪伴孩子每一步的成长，共同见证他们从稚嫩幼苗逐渐成长为独立、自信的个体。

王晓
2025 年 3 月 5 日

目录

第一章　学习习惯培养
——夸出自信小英才

第一节　上课不专心听讲
　　——帮助孩子提升专注力这样夸……………………002

第二节　不想做作业故意拖延
　　——让孩子自觉主动写作业这样夸……………………008

第三节　字迹潦草不认真书写
　　——孩子书写进步这样夸………………………………013

第四节　粗心马虎
　　——孩子学习仔细、错误减少这样夸…………………020

第五节　不爱动脑筋，遇到不会就喊妈
　　——孩子独立思考，意见有创造性这样夸……………026

第六节　学习没动力
　　——激发孩子内驱力这样夸……………………………032

第七节　不爱阅读
　　——让孩子主动爱上阅读这样夸………………………037

第二章　生活习惯养成
——夸出自理小能手

第一节　早晨赖床不起
　　——让孩子自觉起床不拖拉这样夸 ……044

第二节　房间乱糟糟
　　——培养孩子主动收纳整理这样夸 ……048

第三节　不爱做家务
　　——鼓励孩子主动做家务这样夸 ……053

第四节　挑食、把零食当饭吃
　　——引导孩子好好吃饭这样夸 ……058

第五节　丢三落四
　　——让孩子养成自我检查习惯这样夸 ……064

第六节　没有计划
　　——帮助孩子做自己的时间管理大师这样夸 ……069

第七节　沉迷手机
　　——让孩子自觉放下手机这样夸 ……073

第八节　说脏话、使用不好的网络用语
　　——孩子说话文明有礼貌这样夸 ……078

第三章　情绪管理
——夸出阳光好少年

第一节　爱发脾气
　　——孩子控制住坏脾气这样夸 ……086

目录

第二节 输不起
——孩子输了不气馁这样夸……093

第三节 "不，我就不"
——孩子听话不逆反这样夸……097

第四节 情绪失控
——孩子快速平静这样夸……102

第五节 焦虑不安
——孩子保持镇静这样夸……108

第四章 品格塑造
——夸出懂事得体小标兵

第一节 遇到一点儿困难就放弃
——孩子学会坚持这样夸……114

第二节 胆小不敢尝试
——让孩子勇于挑战这样夸……119

第三节 不守时、不守信
——孩子遵守约定讲信用这样夸……124

第四节 做事没主见
——孩子主动表达自己想法和感受这样夸……129

第五节 自私不懂感恩
——孩子体贴父母这样夸……134

第六节 和老人顶嘴
——孩子孝敬尊重长辈这样夸……138

第七节　推卸责任
　　——孩子主动认错有责任心这样夸 ……………… 144

第八节　不争不抢
　　——建立竞争意识、有拼劲儿这样夸 …………… 149

第九节　习惯性拖延
　　——培养孩子的执行力这样夸 …………………… 154

第五章　人际交往
——夸出社交小达人

第一节　不合群
　　——孩子主动交朋友这样夸 ……………………… 160

第二节　性格"冷漠"
　　——孩子助人为乐这样夸 ………………………… 167

第三节　争抢玩具、零食
　　——孩子主动谦让他人这样夸 …………………… 172

第四节　与同学、朋友闹矛盾
　　——孩子自己解决冲突这样夸 …………………… 177

第五节　不善于团结合作
　　——孩子与同学共同完成任务后这样夸 ………… 183

第六节　见人不打招呼
　　——孩子主动叫人问好这样夸 …………………… 189

第七节　爱插嘴、接话茬
　　——孩子安静倾听后这样夸 ……………………… 195

第一章

学习习惯培养
——夸出自信小英才

上课不专心听讲

——帮助孩子提升专注力这样夸

场景演绎

老师给小明的妈妈打电话反映,说小明上课时总是走神,一会儿玩橡皮,一会儿又在课本上乱涂乱画。同桌多次提醒他,他才回过神,但很快又继续分心。妈妈听了很生气,回到家后问小明为什么上课不专心。小明低着头,轻声说:"我只是觉得画画很有趣。"妈妈听了,深吸一口气,耐心地告诉他上课要认真听讲,课后再画画。

第一章
学习习惯培养——夸出自信小英才

场景解析

孩子上学前，父母总是千叮咛万嘱咐上课要认真听讲，而孩子大多表面答应，实则听不进去。如果父母因此而责备孩子，孩子可能会感到委屈，甚至开始抵触认真听课，进而影响学习的积极性。

其实，许多孩子在课堂上无法集中注意力，部分原因是他们并没有真正理解什么叫"认真听讲"。所谓认真听讲并不只是坐在那里，而是要全身心地投入，注意黑板上的每一个字和题目，努力去理解和记住它们。当老师提问时，应该积极举手回答，即使不回答，也要跟随老师的思路去思考问题。如果遇到不懂的问题，则要主动提问，寻求解答。这样做不但能理解并记住课堂所学内容，而且能够避免分心走神。

这时，父母可以尝试使用正向强化的方法，如用夸奖和积极的反馈来改善孩子的听课习惯。例如，当孩子在课堂上表现出专注时，父母可以表扬他们："你今天上课听得很认真，做得很好！"这种积极的反馈能够增强孩子的自信心，并激发他们的积极性，使孩子更愿意保持这种良好的学习状态。

教子有方这样夸

孩子上课专心听讲、认真做笔记时，家长巧回应

1. 今天做的笔记非常详细，这说明你在课堂上认真听讲并努力理解老师讲的内容了。
2. 老师给妈妈发信息说你今天上课非常专注，你认真听讲的态度让我看到了你对知识的渴望。这种专注力是非常宝贵的，希望你继续保持，加油！

3. 最近老师反映，你上课越来越认真了，妈妈给你点赞！

4. 你觉得今天上课表现怎么样？是不是比之前更专心了？

5. 你上课全程专注听讲，积极互动，这种学习状态让爸爸感到欣慰，你是一名合格的小学生了！

6. 老师夸你主动帮同学补充答案，这说明你既能认真听讲又乐于助人！

孩子积极回答老师问题、参与课堂讨论时，家长巧回应

7. 老师最近总和妈妈夸赞你认真听课，积极举手发言呢！

8. 老师说你今天课上不但能够跟上她的进度，而且主动思考后能提出自己的问题，爸爸为你点一个大大的赞！

9. 你上课全神贯注地听讲，参与课堂讨论时能够勇敢表达自己的观点，这是很大的进步，爸爸为你感到骄傲！

10. 老师给妈妈发信息，夸你主动举手回答关于气候变暖的问题，不仅观点清晰，还用数据论证，说明你课前做了充分准备，妈妈为你的进步感到开心！

11. 你主动帮助同学补充发言，既体现了团队意识，也说明你听得非常专注！

12. 虽然今天发言有点紧张，但这次你上课认真听讲，回答得很精彩，这就是进步！

13. 你敢于在课堂上表达观点，爸爸相信你未来在演讲、辩论方面都会变得更加自信！

第一章
学习习惯培养——夸出自信小英才

孩子遵守课堂纪律时,家长巧回应

14. 看,老师给你的评语是"课堂表现优秀",妈妈真为你骄傲,希望你继续保持这种专注和认真的态度,我相信你会在学业上不断进步。
15. 宝贝,你真是一个既遵守课堂纪律,又认真听讲的小学生!
16. 你现在对学习很上心,不仅专注还严格遵守课堂纪律,已经是同学们的好榜样了。
17. 你今天在托管班表现非常棒,放学时老师一直在和我夸赞你守纪律。
18. 恭喜你获得"课堂纪律之星",妈妈就知道你的努力一定会有结果的。
19. 今天老师说你整节课都坐姿端正,笔记也写得特别工整。这说明你不仅遵守了纪律,还对自己的学习成果很负责,妈妈特别欣慰!

孩子上课不与同学说悄悄话或传纸条时,家长巧回应

20. 你上课没有和同学说话,说明你是个遵守课堂纪律的好孩子。
21. 老师说他注意到你今天上课时一直很专注,没有和同学说话,也没有传纸条。你能够管住自己,真的在努力!
22. 妈妈知道改掉上课说话的毛病不容易,但你做到了,真为你骄傲!
23. 你最近上课越来越专注了,没有和同学传小纸条,妈妈看到了你的努力,相信你会越来越棒!
24. 你是怎么做到上课不和同学说话的?能跟妈妈分享一下吗?
25. 妈妈注意到你今天回家后主动分享了课堂内容,说明你全程都在认真听讲,没有被其他事情分心。能克制住想和同学说话的冲动,真的很不容易!

孩子不东张西望，不做与课堂无关的事情时，家长巧回应

26. 这学期你的进步不小，上课不东张西望、不做与课堂无关的事情就是其中之一哟！

27. 你不在课堂上做与学习无关的事情，这一点进步非常大，妈妈相信你可以做得更好。

28. 你今天上课没有东张西望，爸爸妈妈为你点赞！

29. 妈妈相信你以后上课也能像今天一样不东张西望，不做与课堂无关的事情，加油！

30. 你是个自律的孩子，妈妈相信你能越来越好！

31. 上周你偶尔会忍不住传纸条，但这周连续三天都做到了专注听课。妈妈相信你会越来越懂得如何平衡课堂纪律和同学关系！

孩子不带与课堂无关的物品（如手机、玩具等），家长巧回应

32. 你今天主动选择不带手机到学校，这真是一个成熟且负责任的决定。这展现了你的自控能力，对于你未来的学习和生活都是极其宝贵的。

33. 你能够自觉地不携带那些可能让你分心的物品，这表明你已经懂得了专注学习的重要性。你对学习的重视值得赞扬，我相信这种自律会帮助你在学业上取得更大的进步。

34. 你今天选择不带手机去学校，这让我看到你在自我约束方面的进步。你正在学会如何排除干扰，这对提高学习效率非常有帮助。

35. 我很高兴看到你今天没有带任何与学习无关的东西到学校。这说明你已经能够区分哪些行为有助于你的学习，哪些可能会分散你的注意力。这种认识对于你的学习成长至关重要。

36. 不带手机和玩具到课堂，你为自己创造了一个更有利于学习的环

第一章
学习习惯培养——夸出自信小英才

境,这种行为非常值得表扬。

37. 你知道吗,我听说你上课的时候特别专注,没带那些会干扰你的东西。你这样做,妈妈很欣慰。

38. 你今天上课那么专注,没带手机也没带玩具,我觉得你真的长大了,知道什么是重要的。我真心为你感到高兴。

第二节 不想做作业故意拖延
——让孩子自觉主动写作业这样夸

场景演绎

小雨放学后总是把作业本摊在桌上,然后折腾半小时才动笔:一会儿喊着口渴要喝酸奶,一会儿说要削铅笔找遍所有文具袋,好不容易坐下来开始写作业,结果还没写几个字就开始玩橡皮、转笔,甚至跑去逗弄笼子里的仓鼠。到了该吃晚饭的时候,小雨的作业才做了一半。

第一章
学习习惯培养——夸出自信小英才

场景解析

孩子写作业磨蹭、分心，许多家长会认为是他们故意拖延或不听话，但其实这与孩子的身心发展密切相关。从生理角度看，6～12岁的孩子注意力持续时间较短，如5～6岁的孩子注意力持续时间是10～15分钟，7～10岁的孩子注意力持续时间是15～20分钟，11～12岁的孩子注意力持续时间是25～30分钟。因此，他们的"分心"其实是为了调节大脑，避免疲劳。

从心理层面来看，学龄期的孩子正处于"勤奋与自卑"的发展阶段，他们的拖延有可能是因为想通过掌控作业节奏来补偿在学校被约束的自主权；因为害怕失败，就用拖延逃避"我不会"的恐惧，甚至可能是想通过分心行为吸引家长的关注。

从认知层面看，低年级的孩子拖延也有可能是缺乏有效策略。因为"完成作业"对他们来说很抽象，他们不知道具体应从哪里开始，于是就去关注铅笔、橡皮等具体事物。再加上孩子自我监控能力较弱，容易误判任务难度，把"作业太多"当作难以克服的困难，因而选择拖延。

大多数家长的常见行为往往会加剧作业拖延问题。例如，父母反复强调"写完才能玩"，会让孩子更加讨厌做作业这件事；给孩子贴上"拖拉"的标签，会固化孩子的消极行为；而命令式语言则会让孩子产生抵触情绪。其实，父母不妨用积极的语言和方法，既能保持孩子的学习内驱力，又能帮助他们逐步构建受益终身的自我管理能力，从而使孩子在轻松愉快的氛围中养成良好的学习习惯。

教子有方这样夸

孩子回家积极主动写作业时,家长巧回应

39. 你放学回来就乖乖写作业,妈妈很欣慰。
40. 妈妈注意到你回家不但主动写完作业,还预习了数学第二单元,真棒!
41. 上周你需要提醒两次才开始写作业,但这周连续三天都主动开始了(与以往表现进行对比)。这种自我管理能力的进步特别值得肯定!
42. 孩子你真棒,今天都不用妈妈提醒就把作业写完了,看到你的小进步,妈妈非常开心。
43. 你最近写作业非常积极认真,几乎不用爸爸妈妈提醒,真是个自律小明星。
44. 这个学期你每天放学回来第一件事就是先写作业,这个习惯特别好。

孩子能够安排好自己写作业的时间时,家长巧回应

45. 你比昨天提前了20分钟开始写作业,这份自律比满分更珍贵哟!
46. 先写数学,再写英语和语文,你能够把作业安排得井井有条,在这方面你是妈妈的小榜样!
47. 有你这样自觉安排好写作业时间的孩子,妈妈觉得特别幸福。
48. 你列的作业计划看起来很合理,既可以完成作业,又有时间玩儿。
49. 你能安排好自己写作业的时间,这种能力让妈妈很佩服。

第一章
学习习惯培养——夸出自信小英才

孩子在规定时间完成作业时，家长巧回应

50. 你作业写得又快又好，值得表扬哦！
51. 你每天都能按时完成作业，管理好自己的学习，真是长大了，再也不用妈妈操心了。
52. 你现在能够在没有爸爸妈妈监督的情况下，按时完成作业，进步非常大。
53. 从今天起爸爸妈妈不再盯着你做作业了，我们相信你可以安排好自己的时间。
54. 你看，正是你按时完成作业，我们才没有错过电影的开场。
55. 我们约定1小时写完作业，你做到了，棒棒哒！

孩子写作业不拖延，完成得又好又快时，家长巧回应

56. 孩子，你现在能够坚持专心写作业，不磨蹭，妈妈打心底里感到欣慰。
57. 今天作业非常难，你却在吃晚饭前都做对了，你做得非常棒，爸爸知道后也会非常高兴。
58. 看到你认真专注地写作业，妈妈奖励你一朵小红花。
59. 你今天写作业没有玩橡皮，值得表扬！
60. 老师看到你的作业干净整齐，都和我夸你做得非常棒！
61. 别的小朋友需要几个小时才能完成的作业，你却做得又快又对，宝贝你真厉害。

孩子不再把作业留到最后一刻写时，家长巧回应

62. 用计时器分段写作业的方法是谁教你的呀？妈妈要向你学习。
63. 你最近不再熬夜赶作业了，说明你规划学习时间很合理，比爸爸做得都要好。

64. 学习应该由你自己来做规划，我们相信你可以的。

65. 我们家宝贝长大了，不再把作业留到最后一刻写，我们太欣慰了。

66. 今天你没有把作业留到最后一刻写，妈妈为你点赞。

67. 吃晚饭前就把作业都做完了，我的宝贝怎么这么厉害呀！

孩子写作业没有被动画片、漫画书分散注意力时，家长巧回应

68. 今天你能完成作业后再看动画片，真棒呀！

69. 同学喊你出去玩，你却坚持把作业做完，妈妈真为你骄傲啊！

70. 写作业和看漫画书，你可以自己决定先做哪个，后做哪个，妈妈相信你能安排好。

71. 你是追求上进的好孩子，爸爸相信你可以做到先写作业后看动画片。

72. 你没有被弟弟看动画片分散注意力，真是弟弟的好榜样。

73. 你今天写作业没有分散注意力，写得又快又好，继续保持，加油！

第三节 字迹潦草不认真书写
——孩子书写进步这样夸

场景演绎

坤坤的作业又被老师打回来重写,父亲没有责备,只是递给他一张纸条,对他说:"这是你上周写给我的留言。"坤坤费力辨认着歪歪扭扭的字迹:"下午去同……学家玩?"父亲摇摇头说:"其实是'下午去医院看牙',你因此错过了复诊。"看着儿子涨红的脸,父亲轻拍他的肩膀:"字是心的镜子,如果别人读不懂你的心,该有多寂寞啊。"

场景解析

坤坤因字迹潦草被退回作业的场景，折射出许多家庭面临的共同困惑。家长往往没有意识到，孩子书写质量不佳的背后交织着生理发育与行为策略的双重因素。

在小学阶段，孩子的手部小肌肉群尚未发育完全，控笔力度和手指协调性还在锻炼中，这就导致他们在书写时用力不均，难以达到老师和家长要求的横平竖直，进而也就跟不上学校的进度，逐渐会丧失信心。还有一些孩子，在学校里能够写得很好，但一回家就字迹潦草，这说明他们不是不能把字写好，只是为了追求快速完成任务，也就是"写完即可"，因而忽略了书写质量。

面对孩子的书写问题，很多父母会立刻发火批评，甚至撕掉作业让孩子重写，以为"激将法"或过度打压能约束孩子。然而，这种方式反而让孩子认为自己天生写不好，产生自卑或习得性无助，更加反感写字。其实，父母需要理解孩子的发展节奏和认知特点，用更积极的方式帮助他们养成正确书写习惯，增强自信心，激发书写积极性。那些歪斜的笔画不是错误，而是成长信号。父母的使命不仅是纠正字迹，更是点亮孩子心中的灯。

教子有方这样夸

孩子的字结构匀称，没有随意涂画时，家长巧回应

74. 从最初写得歪歪扭扭到现在能写出这么工整的字，你的进步真让人惊喜！

第一章
学习习惯培养——夸出自信小英才

75. 宝贝，我看到你写的字越来越漂亮了！横平竖直，就像一个个小士兵一样整齐划一。
76. 孩子，你的字写得真漂亮！特别是这个"人"字，它的撇和捺写得特别舒展，就像张开翅膀的小鸟一样。
77. 我注意到你最近写作业的时候，不仅字写得好看，而且没有乱涂乱画。这说明你越来越有耐心了，真棒！
78. 宝贝，你的作业越来越工整了，字的结构也越来越好看，看得出来你很用心！
79. 你能将字写得这么匀称，一定下了不少功夫吧！

孩子养成认真书写的习惯，不随意涂改或潦草应付时，家长巧回应

80. 最近你都有认真地写字，不再潦草应付，妈妈给你点个大大的赞！
81. 你认真书写的习惯非常好，妈妈爸爸都看在眼里，我们希望你继续保持，再接再厉！
82. 我看到你写的"口"字，写得整整齐齐，就像一个个小窗户一样，而且整篇作业都没有涂改，这说明你已经养成了认真书写的习惯。你真的很棒！
83. 这学期你写作业都很认真，一笔一画，没有涂涂改改。这种坚持真的很厉害，你一定可以成为班级里写字最棒的孩子！
84. 孩子，自从你养成认真书写的习惯后，妈妈每次看到你的作业，都觉得很享受！
85. 宝贝，你的字写得越来越工整，这说明你已经养成了很好的书写习惯。爸爸相信，只要你继续保持，未来一定能写出更漂亮的字！

孩子能够在书写前考虑成熟，减少错误和修改时，家长巧回应

86. 看得出来你写得很认真，每一个字都努力保证一次写对，真不错！
87. 你在动笔之前会先想清楚要写什么，所以写起来又快又好，几乎没有涂改。这种专注和耐心，爸爸妈妈十分欣赏！
88. 你今天的作业几乎没有涂改，用细心代替了粗心，真棒！
89. 你写字前能够事先想好内容，然后一次性写对，这种习惯值得妈妈学习。
90. 我注意到你在写作业前会先思考内容，所以写出来的字不仅整齐，而且错误也很少。这种提前规划的能力，对你以后的学习帮助非常大！
91. 你的字没有涂改，结构还那么匀称，说明你写的时候不仅专注，而且认真思考了！
92. 宝贝，你的字写得越来越整齐了，不过有些笔画还可以写得更流畅一些。比如"水"字，撇捺可以再舒展一点，这样就更漂亮了！

孩子字形清晰，笔画规范，不歪斜或潦草时，家长巧回应

93. 你的字写得真规范，越来越像个小书法家了。
94. 你写的字字形真清晰，都能当我和爸爸的小老师了！
95. 你注意到了每个笔画的长度和位置，真是个细心的小孩！
96. 你最近的字写得这么棒，是不是自己偷偷练习啦？
97. 宝贝，你的字横平竖直，就像用尺子量过的一样。比如"国"字，写得又稳又好看，这种用心的态度，真的很值得表扬！
98. 虽然你才开始练字，但写出来的字笔画规范，字形清晰，连爸爸都很佩服！
99. 孩子，你今天写作业的时候特别认真，字迹也比以前工整多了！

第一章
学习习惯培养——夸出自信小英才

看得出来你很用心，这种进步让妈妈特别开心！

100. 你今天写作业非常认真，字也写得匀称漂亮，可以当弟弟的小老师了。

孩子在保证字迹工整的前提下，书写速度逐渐提高时，家长巧回应

101. 妈妈刷碗的时间你就把字帖又快又好地写完了，你真棒！

102. 宝贝，以前你写字总是不能专心，现在不仅写得工整还完成得很快，进步太大了！

103. 你在保持字迹整齐的情况下还能加快速度，真的很会掌控节奏嘛！

104. 你不仅字迹有进步，还不再拖拖拉拉，说明你真的长大了，知道用心写字了。

105. 宝贝，你的书写速度提高得真明显！比如这次作业，你不仅写得快，而且每个字都写得很整齐。这种进步真的很让人惊喜。

106. 今天妈妈给你听写，你写得又快又好，妈妈批改起来也很省心呢！

107. 宝贝，你的书写速度提高得真快，而且字迹依然很工整。这说明你在写字时更加自信了，这种进步真的很让人惊喜。

孩子能够适应课堂笔记或考试时的快速书写需求时，家长巧回应

108. 这次考试的题目虽然很多，但你在规定时间内全部整齐地答完了，你的努力让妈妈感受到了你对学习的重视！

109. 你最近记笔记的速度明显提升，这种快速书写的能力不仅能够帮助你在考试时游刃有余，还锻炼了你快速捕捉信息、提炼要点的能力。

110. 现在你既能跟上老师的速度记好课堂笔记，还能把字也写得这么工整，真是什么都难不倒你啊！
111. 老师说你最近在课堂上记笔记的速度快了很多，而且字迹依然很工整，这说明你平时认真练习了，真的很棒！
112. 上次考试你因为写字慢没答完题目，但这次你不仅写完了，还留出时间检查了，这就是很大的进步！
113. 我相信你以后在考试中也能像现在这样快速又准确地完成书写，因为你一直都很认真对待每一次练习。

孩子主动练字时，家长巧回应

114. 你今天练了这么久字，真棒！累了就休息一下，咱们明天继续！
115. 你能够自己主动去练字并且坚持执行它，简直是太自律了！
116. 你主动练字，爸爸妈妈感到非常骄傲，继续坚持，你一定会更棒的！
117. 你现在的字和之前对比已经有质的飞跃了，相信你以后能把字写得更漂亮！
118. 按照这个进步速度，你很快就能写出书法作品了，要不要试试写一副春联？
119. 今天的这首诗写得真好，特别是"春风又绿江南岸"的"绿"字，不仅字迹工整，还写出了春天的生机勃勃。
120. 你写的这段名言很有意义，字迹工整，内容也很励志呢！

孩子书写进步时，家长巧回应

121. 你写字越来越有进步了，妈妈都看在眼里，继续努力，相信你一定能写得更好！

第一章
学习习惯培养——夸出自信小英才

122. 俗话说"字如其人",你写的字已经像你自己一样漂亮啦!

123. 你的笔画控制越来越精准了,特别是捺画的收笔很有力度。

124. 你对字的结构把握得更准确了,上下左右的间距都很匀称。

125. 你的字开始有自己的风格了,这笔竖钩写得很有个性。

126. 整体布局很漂亮,字的大小适中,行距整齐,看起来很舒服。

127. 你每天坚持练字 15 分钟,这份毅力真让人佩服。

128. 即使写错了也没有气馁,擦掉重来的态度特别值得表扬。

第四节 粗心马虎
——孩子学习仔细、错误减少这样夸

场景演绎

数学测试时,朵朵反复检查计算题,自信地提前交了卷。发卷那天,她盯着第 12 题的整片空白,难以置信——那道占 20 分的应用题竟被她当成"已答题",连题干都没看。老师用红笔标注:"答题区太干净,就像下完雪的操场。"在回家的公交车上,朵朵发现草稿纸的角落有这道题的演算痕迹,原来她把解题过程误写在了草稿纸上。夕阳把试卷上的红叉拉得很长,那些被写错位置的数字像迷路的蚂蚁,提醒着她粗心的代价。

第一章
学习习惯培养——夸出自信小英才

场景解析

朵朵在数学测试中的粗心，是孩子在学业上粗心大意的典型例子。然而，这种粗心并非简单的"不用心"，而是与孩子的注意力不集中密切相关。对小学阶段的孩子来说，他们的注意力就像电量有限的手机，专注于一件事时，容易忽略其他信息。故事中朵朵的注意力被计算题占据，导致了大脑"自动屏蔽"了应用题，这就类似我们看手机时错过了公交报站。还有一些注意力不集中的孩子，在信息传递到大脑时易受干扰，导致粗心，出现错误或遗漏。例如，幼儿时期"边听故事边玩游戏"的一心二用的行为未被纠正，久而久之养成了注意力分散的习惯。

朵朵提前交卷未发现漏题，还说明孩子常高估自己的检查能力，甚至很多孩子的检查只是"走形式"。面对孩子的粗心，家长常选择不断提醒或惩罚，但效果不佳。这表明孩子需要具体检查方法的指导，而非抽象的提醒。

对于孩子学习粗心的问题，父母可以采取积极的教育策略，如通过具体夸赞和表扬来增强孩子的自信心、提升学习主动性。认真并非束缚，父母应帮助孩子找到适合自己的检查方式，培养细心和专注的习惯，从而在学业上取得更好成绩。

教子有方这样夸

孩子自觉检查作业时，家长巧回应

129. 发现并改正了三个小错误，你的细心程度提高了不少哦！

130. 你能按照步骤一步步检查,这个方法很科学,爸爸也要向你学习。

131. 先检查计算,再检查单位,最后看格式,这个顺序非常合理,棒棒哒!

132. 你能自觉检查作业,说明你越来越自律了。继续保持这样的好习惯,你的学习一定会越来越出色!

133. 看到你认真检查作业的样子,妈妈真的很感动!你对待学习的态度让妈妈非常放心。

134. 你这次检查时用了不同颜色的笔做标记,这个方法很聪明也很用心。

孩子认真检查作业,错误不断减少时,家长巧回应

135. 比起上周,你的作业检查得更系统了,错误率也降低了,你离作业小标兵又近了一步。

136. 即使作业已经完成得很好,你还是坚持检查,这份责任心真让人感动。

137. 你检查得很仔细呢,连标点符号都没放过,必须给宝贝点赞。

138. 数学计算题全对,说明你的检查方法很有效。

139. 记得上个月你还经常漏掉一些字,现在都能自己发现了,进步真大!

140. 这个"的、地、得"的用法错误你都检查出来了,语文基础越来越扎实了。

141. 这次作业全对,是你认真检查的成果,妈妈为你骄傲!

第一章
学习习惯培养——夸出自信小英才

孩子没有因外界干扰（如声音、手机等）分心，集中精神写作业时，家长巧回应

142. 外面那么吵都没有影响你写作业，这份定力比很多大人都强呢。

143. 手机就在旁边，你却只用它来学习，这种自制力真了不起！

144. 看你写作业时那么投入，就像个小学者在研究重要课题一样。

145. 妈妈注意到你连续写了40分钟作业，完全进入了"忘我"的状态，这就是高效学习的秘诀啊！

146. 你写数学题时连草稿都写得特别工整，这种认真的态度真棒！

147. 按照这个进步速度，你很快就能成为班级的"专注力小达人"了。

148. 因为你的专注，今天的作业完成得又快又好。

孩子做题认真审题，能够准确写出答案时，家长巧回应

149. 你审题特别仔细，连题目中的"除"和"除以"都区分得很清楚，这份细心真棒，真的很重要哦！

150. 我注意到你做题时，能够先仔细读题，所以答案都写得很准确。比如，这道数学题，你不仅理解了题意，还避开了题目中的"陷阱"，写出了正确的答案。这种进步真的很让人惊喜！

151. 你在做题时不仅字迹工整，而且答案也很准确。这说明你已经拥有了自主思考和仔细审题的能力，这种进步真让人惊喜！

152. 你在做题时就像一个侦探一样，仔细审题，找出关键信息，然后准确写出答案。这种能力真的很让人佩服！

153. 你在做题时能够认真地审题，所以答案写得很准确。这说明你一直在努力练习，这份坚持真的很让人欣赏！

154. 我看到你在做这道题时，先仔细读题，然后准确写出了答案。只要你继续保持这种好习惯，未来一定能在学习上取得更大的进步！

孩子做数学题,没有忽略符号、小数点或进位时,家长巧回应

155. 妈妈注意到你在做数学题时,特别认真地检查了进位和小数点,正是这份细心才让答案完全正确!

156. 你做题时没有忽略进位,这种对细节的关注真的很棒,继续保持哦!

157. 你把小数点和进位都算对了,这太重要了!数学就是环环相扣的,你每一步都做得准确,结果才会正确,真是个厉害的小数学家!

158. 你做题时特别专注,没有忽略任何一个小数点,这种认真的态度值得表扬!

159. 哇,你在做题的时候这么细心,一个符号、一个小数点都没有错,真棒!数学题最考验的就是细心,你今天做得太好了!

160. 你就像一个细心的小侦探,连那些符号和小数点都写得很准确!以后遇到数学题,也要像今天这样,把每个细节都处理得很好哦!

孩子做题时不但没有急于完成,而且留出时间检查时,家长巧回应

161. 爸爸特别佩服你这一点——很多小朋友一写完作业就想赶紧去玩,但你愿意停下来检查,这种"对自己的事情负责"的态度,将来无论是学习还是工作都用得上!

162. 上次考试时,你因为粗心漏了一道题,这次你主动多留了10分钟检查,果然全做完了!你看,只要多给自己一点时间,你就能把能力发挥得更好吧?

163. 检查作业是一个好习惯,它能让你避免很多小错误。你今天做

第一章
学习习惯培养——夸出自信小英才

得很好,希望你以后也能一直这样。

164. 宝贝,你今天既没有慌慌张张地写作业,又主动把作业都检查了一遍,这说明你在成长,学会了更好地管理自己的学习。

165. 你今天的表现太出色了!主动检查作业是一个很好的学习方法,希望你能继续保持,这样你的成绩一定会越来越好。

166. 今天你做作业时,自己检查出两个计算错误,这种习惯特别难得,说明你越来越有"学霸"的潜质啦!

第五节 不爱动脑筋，遇到不会就喊妈
——孩子独立思考，意见有创造性这样夸

场景演绎

"妈妈，这道题我不会写！"8岁的轩轩举着他的数学作业本，眼中流露出求助的神情。妈妈走到他身边，看到那是一道简单的应用题，只要画个图就能理解。于是，妈妈就耐心地向轩轩解释了解题的步骤。然而，这样的求助场景几乎每天都在重复，无论是拼图游戏卡在了某个步骤，还是写作文时不知如何开始，甚至是像系鞋带这样的小事，轩轩都总是不自觉地寻求妈妈的帮助。

第一章
学习习惯培养——夸出自信小英才

🔍 场景解析

生活中,不少父母会面临孩子如轩轩般频繁求助的情况,这常常令他们感到无奈。一些父母为避免孩子不断求助,订立了"约法三章"或者干脆选择忽视,然而这些做法都不是最佳方法。其实,轩轩的行为可能源于对解决问题缺乏自信和对父母的依赖。

小学阶段的孩子正处于认知和自我效能感发展的关键时期,他们对自己的能力评估还不够准确,面对挑战容易退缩。他们一旦发现求助能快速得到答案,就可能形成依赖,降低自我探索的动力。对父母来说,理解孩子这种行为背后的心理至关重要。

孩子的依赖行为是成长中的自然表现,但过度依赖可能影响他们独立思考和解决问题的能力。为帮助孩子应对这一挑战,父母应采取积极策略,培养孩子独立思考的习惯。当孩子遇到问题时,父母应鼓励他们先自己尝试解决,而不是立即提供答案;或者通过提问引导孩子思考,如"你觉得问题的关键是什么?""你可以尝试哪些方法解决?"这样的引导可帮助孩子学会分析问题,激发思考能力。

此外,当孩子独立思考并成功解决问题时,父母应及时给予肯定和鼓励,让孩子体会到成就感,这种成就感会激励他们继续思考和挑战。通过这些方法,父母可以帮助孩子逐步建立自信,培养独立解决问题的能力,进而促进他们的全面发展。

教子有方这样夸

孩子主动提出有关学习的疑问时,家长巧回应

167. 你能指出课本上的问题,这种敢于质疑的精神,连爸爸都佩服!

168. 妈妈很高兴你愿意问这个问题,这说明你真的动脑筋思考了,这种好的习惯要继续保持哦!

169. 你能提出这个问题,说明你在认真思考,这种主动探索的精神会让你收获更多的知识和成长!

170. 你的问题很有趣,说明你真的用心思考了,这种深入探究的精神是学习的最好动力!

171. 这个问题提得很有深度,说明你不仅学习了知识,还在思考背后的原理,这种学习的态度,是爸爸妈妈的小榜样。

孩子提出千奇百怪的问题,自己找寻答案时,家长巧回应

172. 你提出的问题很有意思,找到的答案观点也很有创意,如果能用更简洁的语言表达,大家会更容易理解哟!

173. 宝贝,你提出的问题太有意思了,而且你还自己找到了答案,这种探索精神太棒了!你真是个爱思考的孩子。

174. 你今天能自己去寻找答案,这让我很惊喜!这种独立思考的能力太重要了,以后遇到问题,妈妈相信你一定能自己解决。

175. 你提出的问题很有创意,而且你还尝试自己去解答,这种敢于尝试的精神太难得了。

176. 宝贝,你能不能告诉我你是怎么找到答案的?这个过程一定很有趣，我想听听你的故事。

177. 你今天探索问题的过程让我很感动，这种积极主动的态度太棒了，妈妈希望你能分享给更多的人。

孩子开始独立思考，主动寻找解决方法时，家长巧回应

178. 你的角度和其他同学不一样，这种创造性思维很难得！

179. 上次你遇到"蚂蚁"的"蚁"字直接问我，今天你却先看"虫"字旁，再根据右边猜测它读"义"，虽然不完全对，但这种主动联想比直接知道答案更有意义！

180. 你主动去寻找解决方法，这种积极主动的态度太值得表扬了！遇到问题不退缩，而是想办法解决，这才是成功的秘诀哦。

181. 你布置的引流通道呈"Y"字形，既能分散水流又方便清理堵塞，这个设计包含了很多工程学原理。要不要把你的思路画成示意图？我们可以做成《治水小专家》手册。

182. 虽然前几次没有成功，但你通过观察纸张吸水速度变化，联想到蜡笔的特性，这种从失败中提取线索的能力比直接成功更珍贵。

孩子不依赖父母或电子产品，自己解决问题时，家长巧回应

183. 你自己决定用现有材料改造而不是直接购买，这种"资源最大化"的决策特别聪明！

184. 宝贝，今天你遇到问题没有慌，而是自己想办法解决，妈妈真为你骄傲。

185. 遇到问题没有马上求助，而是自己尝试了不同的方法去解决问题，这种努力和坚持让我很感动。

186. 你通过观察筷子的长度和夹子的咬合力，自己组合出一套工具，这比网络教程更有创造力！
187. 你发现死记硬背效率低，就主动创造记忆策略，这种对"自己如何学习"的思考能力，就是聪明学生的核心秘密啊！

孩子坚持正确答案不动摇时，家长巧回应

188. 宝贝，你今天坚持自己的答案，而且答案是对的，这让我觉得你很有勇气。敢于坚持自己的想法，是一种很了不起的品质。
189. 我觉得你今天就像一个小勇士，敢于坚持自己的想法，希望你以后遇到类似问题都能坚持自己的正确判断。
190. 宝贝，你今天的表现就像一颗小星星，即使周围有其他声音，你依然坚持自己的光芒。这种坚持真理的精神太值得表扬了！
191. 你今天的表现让我很欣慰，坚持自己的答案是对的，这说明你很相信自己。希望你以后遇到问题都能像今天一样，坚持自己的判断。
192. 你核查了三次公式推导，还用画图法验证几何关系，这种证据链思维比答案正确本身更值得骄傲！
193. 面对12次质疑仍坚持收集数据，这份学术定力让妈妈想到居里夫人！特别欣赏你设计实验对照组的严谨态度。

孩子面对复杂问题有耐心，愿意花时间思考时，家长巧回应

194. 你像考古学家一样耐心地层层剖解，从异常声响溯源到阻尼器偏移，这种逆向工程思维正是顶级机械师的看家本领。
195. 妈妈看你试了好几种方法，中间卡住也没着急，最后自己打通了思路，对不对？这种"慢慢消化知识"的功夫特别厉害！

第一章
学习习惯培养——夸出自信小英才

196. 你没有被问题吓倒，而是静下心来思考，这种冷静和耐心的态度太重要了！

197. 宝贝，你没有因为问题复杂就放弃，而是坚持思考，这种坚持让我很感动。遇到困难不退缩，我们和妹妹都要向你学习呢！

198. 你愿意花时间去思考，这说明你很有毅力。这种坚持和努力一定会让你的学习更上一层楼。

199. 孩子，你今天面对复杂问题时表现得这么好，爸爸为你骄傲。希望你以后遇到问题都能像今天这样，耐心思考不急躁。

孩子探索出有效的学习方法时，家长巧回应

200. 你是怎么想到用数学公式解释历史事件的？这种跨学科思维太棒了！

201. 你今天用刚学的成语"举一反三"解释数学题，连老师都眼前一亮呢！

202. 用思维导图整理知识点的方法真的很棒，思路清晰又高效！

203. 老师说你设计的这套复习计划很有创意，既能查漏补缺又能巩固重点，要在全班推广呢！

204. 这个学习方法效果不错，你可以试试在其他科目上也应用一下！

205. 你觉得这个方法为什么有效？我们可以一起看看还能不能改进！

206. 你这次的学习效果很好，你觉得是哪些细节起到了关键作用？

第六节 学习没动力
——激发孩子内驱力这样夸

场景演绎

婷婷之前对学习总是提不起劲儿，课堂上眼神迷茫，作业总是草草了事，一次户外探险彻底改变了她。婷婷蹲在溪边，看着水中的小虫游动，突然问："妈妈，这是什么虫子？它为什么能在水里呼吸？"妈妈没有直接回答。回家后，妈妈递给婷婷一本《昆虫图鉴》，然后说道："答案可能在这里哦。"婷婷翻开书，眼睛渐渐亮了起来。自此以后，遇到不知道的事情，她都会主动翻书，还会请爸爸妈妈在网站上查找资料，因为她在书中找到了探索世界的乐趣。

第一章
学习习惯培养——夸出自信小英才

场景解析

婷婷的故事揭示了6~12岁孩子学习动力不足的核心问题：被动接受知识、敷衍作业、缺乏主动探索欲望。这一阶段的孩子处于皮亚杰所说的"具体运算阶段"，单纯地灌输难以激发他们的热情，而体验式学习才是关键。婷婷妈妈的智慧就在于，当孩子对溪中昆虫产生兴趣时，她没有直接给出答案，而是递上一本《昆虫图鉴》，把"问题"变成"探索的起点"，让孩子从"要我学"变成"我要学"。

培养孩子的学习内驱力需要家长转变角色，从"解答者"变为"引导者"。首先，观察孩子的兴趣点，如婷婷对昆虫的好奇，父母就用提问引导孩子自主寻找答案，同时允许孩子犯错，培养自主学习能力。其次，家长可以为孩子准备一个"探索角"，配备显微镜、昆虫盒、科普书等，方便他们随时动手探索；挑选权威科普网站，安排每天15分钟的"屏幕探索时间"；组织小伙伴成立"小科考队"，一起探索，互相学习。

当然，激励也尤为重要。让孩子用图文日记记录每周新发现，每周举办小分享会展示成果；完成任务后颁发定制徽章，满足孩子的成就感和认同感需求。给孩子自主权，比干预更能激发他们的自觉意识。同时，父母的肯定、鼓励和夸赞，能帮助孩子建立自信，激发内驱力，让他们对学习产生更大兴趣。

👍 教子有方这样夸

孩子建立短期或长期的学习目标并努力学习时,家长巧回应

207. 你不仅有目标,还愿意为之努力,非常好。设定目标并努力实现它,是成长的重要一步。

208. 你的进步很明显,这说明你的努力没有白费,继续坚持下去,你的目标一定会实现。

209. 你不仅在学习上进步了,还学会了如何为自己设定目标并实现它,这种能力会让你受益终身!

210. 你每次完成一个小目标时,都会认真总结,这种习惯不仅能帮助你巩固所学的知识,还能让你在未来的挑战中更有方向感和自信心。

211. 你设定的目标很有挑战性,但你依然勇敢地去尝试,这种勇气和决心会让你在学习和生活中走得更稳、更远。

212. 你不断超越自己,朝着更高的目标前进,这种精神让我对你充满期待!

孩子面对难题不放弃,通过努力找到答案时,家长巧回应

213. 我发现最近遇到难解的题时,你会用不同方法反复尝试,这个习惯非常值得肯定。

214. 宝贝,你遇到难题没有放弃,反而通过努力找到了答案,这种毅力很了不起!坚持就是胜利,你用自己的努力证明了这一点。

215. 面对难题你没有退缩,而是依靠自己的能力解决了问题。你的努力我都看在眼里,继续加油!

第一章
学习习惯培养——夸出自信小英才

216. 你能够独立思考，用自己的方法解决难题，这种能力太重要了。
217. 你面对难题没有轻易放弃，而是专注地思考。这种专注力和耐心是你成功的关键，也是你未来学习的重要品质。
218. 这次你通过努力解决了难题，是不是很有成就感？以后遇到困难，你也要像今天这样，静下心来，一步步去解决。

孩子发现学习中的乐趣，不再觉得学习是一种负担时，家长巧回应

219. 你能在学习中发现乐趣，说明你真正理解了数学的魅力，这种热情会让你在学习的路上走得更远。
220. 你最近学习的时候总是笑眯眯的，好像找到了学习的乐趣。这种积极的态度太重要了，妈妈也为你开心啊！
221. 看到你享受学习的样子，我感到特别骄傲。你不仅学到了知识，还学会了享受学习的过程，这是一种非常宝贵的成长。加油！
222. 学习是一个充满惊喜的旅程，你已经找到了乐趣，接下来会有更多的收获！
223. 你最近对数学题特别感兴趣，甚至主动找难题来挑战，这种热情就连爸爸也要向你学习啊！
224. 看到你在学习中不断进步，同时还能乐在其中，这是一种很棒的成长！

孩子的强项科目取得好成绩时，家长巧回应

225. 这次语文考试你的成绩依然名列前茅，这是你平时认真学习和不断练习的结果，你的努力值得肯定！
226. 你用思维导图整理知识点的复习方法很有效，这次考试成绩就

是最好的证明！

227. 你通过错题本不断改进自己的薄弱环节，这种学习方法让你取得了更好的成绩。

228. 你在英语这门功课上的表现让我看到了你的潜力和热情，爸爸很欣赏你的学习态度！

229. 这次考试中，你的解题思路特别清晰，步骤也很完整，看得出你平时练习得很扎实。

230. 比起上次，你这次的成绩又提高了，说明你一直在进步。

孩子的弱项科目取得好成绩时，家长巧回应

231. 你没有放弃不喜欢的科目，而是很认真地去复习，你离全优生又近了一步，继续努力哦。

232. 宝贝，这次你在弱项上取得了这么好的成绩，说明你这段时间的努力没有白费，你的付出得到了回报。

233. 你在这门课上付出了很多努力，现在的成绩就是你坚持不懈的结果。

234. 我看到你每天都花时间复习这门课，还主动找老师请教问题，你的努力没有白费，成绩的进步就是最好的证明。

235. 你有能力在这门课上取得好成绩，这说明你在其他科目上也可以做得很好。

236. 你在弱项科目上已经做得很好了，接下来可以尝试在其他科目上也取得突破。

第七节 不爱阅读
——让孩子主动爱上阅读这样夸

场景演绎

随着寒假的到来,强强的妈妈满怀期待地按照老师推荐的书单,为他挑选了几本有趣的课外读物,希望这个假期能让强强在阅读中找到乐趣,增长知识。然而,两周过去了,那些书本却依旧崭新,一页都没有翻动过。妈妈在整理房间时注意到了这个细节,她心中不免涌起一丝无奈,轻轻地叹了口气。

场景解析

有些家长为了培养孩子的阅读习惯,直接把书扔给孩子,要求他们"自己去读",却没有引导如何开始;有的家长强行布置"阅读任务",如"每天必须读半小时书",孩子一旦觉得这是任务,就会产生抵触情绪;还有的家长因孩子没立刻行动而着急,甚至责备孩子"怎么这么不自觉",反而让孩子更反感阅读。

6~12岁的孩子好奇心强但专注力弱,易被外界刺激分散注意力,如果他们难以从阅读中获得乐趣,就会导致阅读习惯难以养成。因此,要激活孩子的阅读兴趣,家长可从环境、兴趣和互动三方面入手。首先,家长可为孩子打造安静舒适的小角落,放上孩子喜欢的书,避免电视、手机等干扰物。其次,兴趣是阅读的最好动力。哪怕孩子最初是为了完成任务或只对漫画书感兴趣,父母也应给予夸赞和鼓励,让孩子感受到阅读的快乐和成就感。例如,当孩子首次主动翻阅书籍时,家长要及时肯定,这种正向反馈能强化孩子的自我认同,逐步形成"阅读—愉悦—再阅读"的良性循环。最后,家长还可用"共读仪式"代替催促。比如,每天安排固定阅读时间,和孩子一起读,分享感受,让阅读变得有趣。当阅读成为习惯,孩子自然会爱上阅读。

教子有方这样夸

孩子开始主动读书时,家长巧回应

237. 我听到你给仓鼠念《柳林风声》,还模仿蛤蟆先生的贵族腔。

第一章
学习习惯培养——夸出自信小英才

你用的正是眼睛看、嘴巴读、耳朵听的"三合一阅读法",太高级了!

238. 宝贝,你主动拿起书来读就证明你已经开始享受阅读的乐趣了。希望你能继续保持这份热情,让阅读成为你生活里一个很棒的习惯。

239. 你最近主动读书,这让我很欣慰。阅读不仅能让你学到知识,还能开阔视野,希望你能一直保持这份兴趣。

240. 刚才你读到泥石流那段,手指不自觉地画出逃生的路线,像在进行一次逃生演习!

241. 宝贝,你主动读书的样子就像一只小蜜蜂,在书的花园里寻找知识的花蜜。这种主动探索的精神太棒了。

242. 看到你主动读书,我很开心。你可以和我分享一下你最喜欢的部分吗?这样我也能和你一起感受阅读的乐趣。

孩子进行阅读分享时,家长巧回应

243. 宝贝,你分享的内容太有趣了!你一定很喜欢这本书吧?

244. 你讲得绘声绘色,我完全被书里的故事吸引了。

245. 宝贝,你分享故事的时候就像一个小老师,讲得生动形象,我和爸爸都听得津津有味。

246. 老师说同学们很喜欢听你分享书里的故事,希望你以后能多读多分享,带着同学们一起探索更多有趣的知识。

247. 宝贝,你分享的故事很有趣,我听了之后也想读这本书了。你最喜欢的是哪部分,可以再和我讲讲吗?

248. 你讲得真好,我听了之后也有了一些新的想法。以后我们可以一起讨论书里的故事,这样会更有意思。

孩子主动安排固定的阅读时间时，家长巧回应

249. 宝贝，你能留出固定时间阅读，说明你既爱阅读又会规划时间，这种自律和专注力会让你受益无穷。

250. 你每天都能按时阅读，说明你懂得如何管理时间，这种能力对你未来的学习和生活都很有帮助！

251. 宝贝，你主动安排固定的阅读时间，就像给自己种下了一颗知识的种子。只要坚持浇水，这颗种子一定会成长为参天大树。

252. 宝贝，你主动安排了固定的阅读时间，感觉怎么样？有没有发现阅读给你带来的变化？我很想听听你的感受。

253. 你养成了固定的阅读习惯，这不仅能增长知识，还能提高你的专注力和思维能力，真是一举多得！

254. 阅读是你一生的财富，你能主动安排时间阅读，说明你已经懂得如何为自己积累知识了！

孩子坚持高质量读书并养成好的阅读习惯时，家长巧回应

255. 这几次的作文分数都很高，说明你阅读的时候，已经把好词好句都记在心里了，对不对？

256. 你读书时总是很专注，还会做笔记，继续坚持下去，你会发现自己的阅读水平和思维能力都会不断提升！

257. 和你聊天时发现你懂的东西真多！这就是坚持阅读的成果——知识面越来越广！

258. 你通过阅读学到了很多新知识，还能在生活和学习中灵活运用，这种能力真让人惊喜！

259. 你已经把阅读变成了像吃饭、睡觉一样自然的习惯，这种好习惯会让你一生受益！

260. 你通过阅读学到了很多新观点,还能在讨论中提出自己的见解,这种能力真让人佩服!

孩子积极阅读英文故事书时,家长巧回应

261. 你在阅读英文书籍时,拿笔记录生词和句子的方法很聪明,这样做可以帮助你更好地掌握英语知识呢!

262. 这周你每天都"打卡"英文书,就算昨天有客人来也没有中断!这种"定时定量"的习惯,比集中读 1 小时更有用哟!

263. 你不仅能读懂故事,还能用英语表达自己的看法,进步非常大!

264. 你刚才用英语把《狮子王》的故事讲了一遍,还模仿了狮子的吼声,简直像英语小主播!

265. 你主动尝试阅读不同类型的英文书,比如科普和历史书,这种探索精神会让你学到更多有趣的知识!

266. 妈妈发现你今天读 *Charlotte's Web*(《夏洛的网》)时,自己查了"radiant"和"humble"这两个词的意思。这种主动攻克生词的习惯,会让你的词汇量像滚雪球一样越积越多!

第二章

生活习惯养成
——夸出自理小能手

第一节 早晨赖床不起
——让孩子自觉起床不拖拉这样夸

场景演绎

闹钟准时响起，可月月却像没听见一样，紧紧地裹着被子，一动不动。妈妈走过来，温柔地拍了拍月月的肩膀："宝贝，该起床啦。"妈妈一连说了三遍，可月月却把脑袋缩进了被子里，含糊地说："再睡会儿嘛……"妈妈见状无奈地转身去厨房。等妈妈做完早饭再来看月月时，发现她依旧赖在床上，妈妈生气地大喊："月月，你怎么还睡呢？上学要迟到了，快起来！"

> 月月，你怎么还睡呢？上学要迟到了，快起来！

第二章
生活习惯养成——夸出自理小能手

🔍 场景解析

故事中,月月的问题在于她没有养成良好的起床习惯,缺乏自律性,而妈妈的叫醒方式也不够有效。

生活中,很多家长叫孩子起床时容易踩三个"坑":一是每隔两分钟催一次,嗓门越吼越大,把孩子吵得烦躁又逆反;二是直接拉开窗帘,孩子就像黑暗中突然被车灯晃到眼睛,会本能缩进被窝;三是在床边念叨"快迟到了",然而孩子其实没醒透,往往翻个身继续睡。

这些错误的叫醒方式,不仅无法让孩子养成主动起床的好习惯,还会对他们的身体和精神造成负面影响。因此,当孩子赖床时,父母应采取温和方式叫醒,建立起床仪式,用激励代替催促,让孩子参与计划。特别是当孩子某天主动早起时,父母要及时强化:"今天你独立起床的样子真像个大孩子!"这种积极反馈会逐渐重塑孩子的自我认知,从"被迫起床"转向"我能做到"。教育不是瞬间的较量,而是耐力的博弈。当我们用智慧把起床变成趣味挑战时,每个孩子都能成为自己的"晨间小主人"。

👍 教子有方这样夸

闹钟响第一遍孩子就主动起床,家长巧回应

267. 妈妈发现你把闹钟调早10分钟,还预先摆好衣物,使用策略让自己起床后不慌乱,简直像专业时间管理师!

268. 听到闹钟响,你数完"3、2、1"就从床上弹起的动作太帅了!

269. 闹钟一响你就能立刻起床，你的自律让妈妈刮目相看！
270. 咱家小公主的时间管理做得不错，闹钟一响就准时起床了。
271. 周六早晨听到你悄悄关掉二次闹铃直接起床，这种自控力就连爸爸妈妈都很难做到！
272. 宝贝，在准时起床方面，你现在做得比妈妈都要好，你能不能教教妈妈，你是怎么做到这一点的呢？

孩子起床、穿衣、洗漱不磨蹭，家长巧回应

273. 宝贝，你今天起床、穿衣和洗漱的速度真快，你呀，真是越来越会安排自己的时间了。
274. 你今天主动起床，为新的一天开了一个好头，这种积极的态度太让人高兴了！
275. 你主动起床的行为让妈妈省心不少，也证明了你有很强的自我管理能力，妈妈必须给你点一个大大的赞。
276. 你起床这么顺利，是什么原因呢？我们可以总结一下，让以后每天都像今天一样高效！
277. 今早起床没有磨蹭，让早上的时间更充裕，这种感觉是不是很好呢？
278. 宝贝，如果明天从响铃到下床能够比今天还快一些，妈妈就送你一枚"闪电侠勋章"！

孩子起床洗漱后做好该做的事情时，家长巧回应

279. 今天早上你迅速完成了所有事情，还多出了阅读时间，这种利用时间的方式很厉害！
280. 今早按时起床，还带齐了所有物品，你这么自律，上学肯定不

第二章
生活习惯养成——夸出自理小能手

会迟到啦!

281. 起床后,你把每件事都安排得井井有条,完全不用提醒,让我们非常省心。

282. 宝贝,今天不仅按时起床、洗漱、吃早饭,还主动检查了红领巾、小黄帽、书包和水杯,真是个优秀的孩子!

283. 你洗漱后还有时间帮妈妈准备早餐,这种体贴和责任感让我们的早晨更温馨。

284. 我记得你以前可能会赖床,但现在每天都能按时起床洗漱,你进步真的很大!你越来越懂得管理自己的时间了。

第二节 房间乱糟糟
——培养孩子主动收纳整理这样夸

场景演绎

周末午后,妈妈推开乐乐的房门,眼前一片狼藉。玩具扔得到处都是,书也散落得到处都是。妈妈皱了皱眉,提醒乐乐收拾一下,可乐乐正专注地搭着积木,不耐烦地喊道:"哎呀,没空!"时间一点点过去,直到晚上准备睡觉时,乐乐的房间还是老样子。妈妈站在门口,无奈地看着这一切,心里直发愁:这可怎么办呢?

第二章
生活习惯养成——夸出自理小能手

🔍 场景解析

当父母看到孩子把房间弄得乱糟糟时，可能会觉得孩子缺乏责任感和自律性，并担心这种习惯会影响孩子未来的生活能力，因此会感到无奈、焦虑，甚至生气地训斥孩子。有的父母会通过亲自帮忙整理，或者反复提醒、设定规则来解决问题，但这些方法往往效果有限。

孩子房间的混乱，其实并非只是表面上的脏乱差，背后隐藏着孩子的心理和行为特点。故事中乐乐的问题就在于缺乏整理和收拾的习惯。其实，很多 6~12 岁的孩子都会遇到类似的问题，他们更愿意花时间在感兴趣的事情上，而不愿意做枯燥的整理工作。所以，孩子需要的是父母的理解和正确引导。

父母可以将整理房间的任务分解，通过建立规则与奖励机制、亲自示范等方式，帮助孩子逐步养成整理的好习惯。例如，不强硬要求他们收拾整个房间，而是当他们做出收拾桌子、叠衣服等整理行动后，就立刻给予夸赞和鼓励来强化行为："你让每本书都回到'家'，真像个管理员！"这种反馈能激活大脑奖赏回路，提高孩子做事的积极性，促使习惯养成。教育的本质不是培养顺从，而是赋予解决问题的能力。

👍 教子有方这样夸

孩子自觉整理房间时，家长巧回应

285. 你把书本、玩具都分类放好，房间看起来井井有条，真的很用心！现在你的房间看起来特别舒服。

286. 哇，房间收拾得真整齐，每样东西都找到了自己的位置，你能给妈妈讲讲你的秘诀是什么吗？

287. 我记得你以前可能需要我提醒才会整理房间，但现在你能主动完成，这种进步真的很难得！

288. 你把书架上的书按大小排列，看起来特别整齐，非常用心！

289. 如果你每天都能像今天这样整理，房间会一直这么整洁。

290. 你不仅整理得很好，还让房间变得温馨舒适，不愧是咱家的"整理小能手"。

孩子主动整理房间但效果并不如意时，家长巧回应

291. 我看到你主动整理房间了，这种积极性真的很棒！虽然还有一些地方可以改进，但你已经迈出了第一步，这非常重要。

292. 你把床铺整理得很平整，这种认真对待的态度非常值得肯定！接下来我们可以一起看看怎么把衣物叠得更美观。

293. 你把玩具都放进了收纳箱，这种有条理的做法很好！下次我们还可以试试将衣服分类，这样找起来会更方便哦。

294. 看到你主动收拾房间，妈妈很开心，虽然效果还没达到最好，但你认真去做了，这种态度最重要！

295. 你已经有了一个好的开始，接下来可以慢慢改进，一定会越来越好的。

296. 你把书柜里的书都拿出来整理了，这种主动性非常棒！我们可以一起学习怎么把书按照大小厚度排列，这样书柜会更美观。

第二章
生活习惯养成——夸出自理小能手

孩子整理房间认真有耐心时，家长巧回应

297. 宝贝，你把抽屉里的东西分类收纳得这么好，还贴了标签，真有创意！

298. 你不仅整理了桌面，还把抽屉里的东西也分类放好，做得特别认真细致，爸爸也要向你学习，把抽屉里的物品整理一下！

299. 妈妈看到你把每本书都整整齐齐放到书架上，玩具也收拾得干干净净，这说明你很细心呀！

300. 看到你整理房间时那么认真，每一个角落都不放过，这说明你很有耐心。爸爸很认可你的努力。

301. 今天你不仅整理了房间，还主动打扫了卫生，这说明你很有责任感，也很懂得照顾细节。房间变得更舒适，是不是感觉更有成就感了？

302. 你今天的表现很棒，不仅学会了整理房间，还懂得了坚持和耐心的重要性，这对未来学习也很有帮助呢。

孩子将房间、床铺等整理得很好时，家长巧回应

303. 宝贝把被子叠得像豆腐块，枕头也摆得整整齐齐。爸爸妈妈要任命你做"家庭小管家"，本周家庭物品分类标准由你制订！

304. 妈妈看到你把书桌上的杂物都清理干净了，还把抽屉里的东西分类放好，这样的房间住起来肯定很舒服！

305. 宝贝，这抽屉简直是收纳教科书！用"寿司卷"的方法叠袜子，既省空间又能一目了然，可不可以教教妈妈？

306. 你把书架上的书按大小排列，还擦了灰尘，看起来特别整洁！如果每次看完书都能这样整理，房间会一直这么整洁。

307. 宝贝，你今天不仅把玩具归位了，还把书本分类放好，相比于

上个月，房间看起来清爽多啦！

308. 高频使用的铅笔放外侧，彩笔按彩虹顺序排——你发明的这套收纳系统比爸爸办公桌的摆放方式还专业！

孩子成功保持房间整洁时，家长巧回应

309. 爸爸发现你书桌干净整齐的小秘密了！字典永远放在书桌的左侧，文件放在右侧，这个方法值得在咱们家推广哦！

310. 你不仅自己保持房间整洁，还提醒家人不要乱放东西。这么懂事，真是个贴心的小管家！

311. 你每天能主动收拾房间，还保持干净整齐，说明你越来越有责任心，也越来越懂得为自己创造一个舒适的空间了。

312. 我家的"小房间管理员"非常称职，不仅保持自己的房间干净整齐，还能帮妈妈收拾好客厅，妈妈奖励你一朵小红花。

313. 你现在真是个"整洁小达人"！房间总是这么干净，比妈妈爸爸还厉害呢！

314. 你把自己的房间管理得这么好，真是越来越能干了！

第三节 不爱做家务
——鼓励孩子主动做家务这样夸

场景演绎

周末,妈妈让天天帮忙收拾餐桌,天天却皱着眉头,嘟囔着:"我不想去,太麻烦了!"妈妈又请她把玩具收好,天天直接跑开,喊道:"我还要玩游戏呢!"整个下午,妈妈忙里忙外,天天却一直坐在沙发上,眼睛盯着手机,完全没把家务当回事。妈妈看着满地的玩具,无奈地叹了口气。

场景解析

父母常常感叹，孩子小时候还喜欢帮忙做家务，如擦桌子、扫地，可随着年龄增长，尽管他们能做的家务越来越多，却开始抗拒，不再主动帮忙。其实，这与父母是否帮助孩子养成做家务的习惯密切相关。

有些父母为了让孩子专注于学习或其他活动，可能会主动包办所有家务，或者在孩子做得不好时直接接手。这种过度保护和包办的行为，不仅剥夺了孩子锻炼的机会，还使他们难以养成独立承担家务的习惯。还有部分孩子没有意识到家务是家庭成员共同的责任，误将家庭事务视为父母的专属义务。这种"责任断层"让孩子觉得做家务是"额外任务"，而非应尽义务。再加上家务本身较为枯燥，难以与玩游戏、看电视等有趣活动相提并论，孩子自然更倾向于后者，导致他们不愿花时间做家务。

破解孩子抗拒做家务的难题，父母可以尝试用鼓励与夸奖来引导。特别是当孩子完成某项家务后，父母应及时表扬，给予正面激励。通过这种方式，不仅能调动孩子的积极性，帮助他们逐步养成主动承担家务的习惯，还能减轻父母的负担，培养孩子的责任感和自理能力，为他们的未来成长奠定基础。

教子有方这样夸

孩子主动做家务却没做好时，家长巧回应

315. 宝贝，你真是妈妈的好帮手！不过有些衣服叠得不太整齐，我

第二章
生活习惯养成——夸出自理小能手

们一起把它们像这样重新叠一下,好不好?

316. 你吃完饭不仅把碗筷拿到了厨房,还主动把桌子擦干净,真是太懂事了!不过,这里好像还有一些污渍,我们可以用纸巾再擦一下,这样就更干净啦。

317. 谢谢你帮忙倒垃圾!虽然垃圾袋没系紧,但你能想到做这件事已经很棒了。下次我们可以一起学习怎么系得更紧哦!

318. 多亏了你的细心照顾,才使得咱们家的茉莉花生机勃勃!不过水浇得稍微有点多,下次我们可以试试少浇一点水哦!

319. 你主动整理玩具,真是帮了大忙!虽然分类有点乱,但你能想到整理已经很棒了。妈妈爸爸相信你下次会做得更好!

320. 宝贝真是咱家的"收纳小达人"!虽然鞋柜里的鞋子看起来还是有点乱,但是你已经有了一个好的开始,接下来可以慢慢改进,一定会越来越好的。

孩子有计划有条理地做家务时,家长巧回应

321. 我注意到你这次洗碗时不仅把碗洗得很干净,还把水槽也擦得干干净净。上次你可能还没注意到这些细节,看来你越来越会做家务了!

322. 你擦桌子时,先清理杂物再擦桌面,顺序安排得真好!

323. 你今天不仅把红领巾洗得干干净净,还把鞋子刷得锃亮,真是一个既独立又能干的好孩子!

324. 哇,宝贝把餐桌收拾得这么干净,我都怀疑是不是有魔法精灵来帮忙了!不过我知道,这是咱家的家务小能手做的!

325. 我下班回家看到客厅这么整洁,一开始还以为是妈妈打扫的呢!后来才知道是你做的,爸爸真的非常开心!你真的长

大了！

326. 餐桌收拾得这么干净，还把餐具都摆放整齐，这让妈妈轻松了很多。谢谢你，妈妈的"小暖男"！

孩子做家务找到高效方法时，家长巧回应

327. 用吸尘器打扫卫生不仅方便，还节省了时间，给妈妈讲讲你是什么时候学会使用的？

328. 你帮妈妈把衣服按照深浅色分好类，这样洗衣服真的节省了很多时间！妈妈都没想到这个方法呢！

329. 这个收纳的方法非常棒，妈妈现在有更多的时间和你一起去打羽毛球了！

330. 在拖把上喷一点地板清洁剂，这个小技巧真管用，省时又省力！不愧是咱家的小小发明家。

331. 你今天用这么高效的方法收拾好自己的房间，我们晚上一起看场电影吧！你的努力值得奖励！

332. 能够想到先把玩具分类再整理，真是太聪明了！妈妈给你画一颗小星星，记录你的高效方法！

孩子积极主动帮家长忙时，家长巧回应

333. 看到妈妈不舒服，你能主动承担洗碗的工作，还把厨房打扫得干干净净，妈妈特别感动！我家"小王子"长大了！

334. 宝贝，你主动帮妈妈拿购物篮，还细心地把重的东西放在下面，轻的放在上面，太贴心了！

335. 你发现妈妈手里拿了很多东西，马上过来帮忙，真是个有担当的好孩子！爸爸为你点赞！

第二章
生活习惯养成——夸出自理小能手

336. 你不仅主动帮外婆拎东西,还记住了哪些东西容易碰坏,真是越来越能干了!

337. 你主动帮妈妈拿东西,妈妈觉得特别暖心,谢谢你!有你这样的宝贝,妈妈觉得很幸福!

338. 你总是这么热心,看到爸爸妈妈干活就主动帮忙,真是个善良又懂事的孩子!

第四节 挑食、把零食当饭吃
——引导孩子好好吃饭这样夸

场景演绎

中午,奶奶做了丰盛的饭菜,可晨晨一坐下就皱起了眉头:"我不爱吃青菜!"说着,把筷子一推,起身就跑。下午,晨晨饿了,从柜子里掏出一包零食,一边吃一边看电视。晚上,妈妈又准备了晚餐,晨晨只吃了几口,然后又跑去翻零食。奶奶看着他,无奈地说:"这孩子,把零食当饭吃,青菜一口不吃,真让人操心!"

第二章
生活习惯养成——夸出自理小能手

场景解析

每到用餐时间,餐桌便成为家庭战场。家长为纠正孩子挑食习惯使出浑身解数,却常陷入"零食救急"的恶性循环——用饼干等零食填补正餐缺口,以免孩子饿肚子。然而,这种做法不仅容易让孩子养成挑食、爱吃零食的坏习惯,还会导致营养不良、抵抗力下降等健康问题,长期下去,还可能影响生长发育。

故事中晨晨的问题在于他没有养成良好的饮食习惯,对健康食物缺乏兴趣,而对零食过度依赖。这种习惯可能源于他对食物的认知不足,以及缺乏自律。从父母和奶奶的做法来看,他们似乎对晨晨的挑食行为缺乏有效的引导。奶奶的无奈和妈妈的默许,让晨晨认为挑食是可以被接受的。这种放任的态度可能会进一步强化他的不良习惯。

针对这样的情况,父母应采用正向强化的方式,来激励孩子养成正确的饮食习惯。例如,当晨晨偶尔吃了青菜时,父母可以夸赞他说:"晨晨真棒!吃了青菜,身体会更健康,以后会长得更高更强壮!"通过及时夸赞和表扬,强化孩子的正确行为,激发他们对健康食物的兴趣,让他们在积极的反馈中逐渐养成良好的饮食习惯。

教子有方这样夸

孩子吃饭变得积极主动时,家长巧回应

339. 你今天吃饭这么积极,就像一个小太阳,把快乐和活力都传递给了我们,真让人开心!

340. 你不仅自己吃了青菜,还告诉弟弟青菜对身体好,真是个懂事的好榜样!

341. 能按时吃饭,把碗里的饭菜都吃光,你的身体会更健康,跑得快,跳得高!

342. 你不仅主动吃饭,还没有浪费,真是很大的进步!妈妈为你点赞!

343. 你能意识到按时吃饭的重要性,并且付诸行动,妈妈给你画一颗小星星,记录你的进步!

344. 宝贝,今天你不仅主动坐下来吃饭,还吃得特别认真,没有像以前那样磨蹭。你这种积极的态度真让人喜欢。

孩子在吃饭时表现出优秀的餐桌礼仪时,家长巧回应

345. 孩子,你在餐桌上表现得真棒!不仅坐得端正,还等大家都到齐了才开始吃,真是一个懂事的好孩子!

346. 我看到你今天吃饭的时候,手扶着碗,咀嚼时嘴巴闭得紧紧的,一点声音都没有,真像个小绅士/小淑女!

347. 你今天在餐桌上举止优雅,礼貌有加,大家都夸你呢,真不愧是我们家的"礼仪小明星",太让人骄傲啦!

348. 吃饭时用纸巾擦嘴,还把小骨头放在盘子里,这些小细节做得很好!

349. 你吃饭时懂得等长辈先动筷子,还主动夹菜给爸爸,真是个有礼貌的小天使!

350. 宝贝,今天你吃饭的时候,举止优雅得就像一个小王子/小公主,连餐具都听你的话,太厉害了!

第二章
生活习惯养成——夸出自理小能手

孩子不挑食、不浪费食物时,家长巧回应

351. 青菜里面有很多维生素,能让你长得更高、变得更聪明!你今天把它们都吃光了,妈妈相信你的身体一定会越来越棒!

352. 看你吃得这么香,妈妈心里特别开心!你不挑食的样子真可爱!

353. 宝贝,你今天吃饭就像小老虎一样,吃得又快又好,把盘子里的食物消灭得干干净净!

354. 你今天把碗里的饭吃得干干净净,没有浪费一点食物,是个懂得节约的好孩子!

355. 你不仅把蔬菜都吃完了,还把鱼肉也吃得干干净净,妈妈不用再担心你挑食了!

356. 爸爸发现你今天不仅把青菜吃得干干净净,还把盘子里的水果也吃光了。你不仅不挑食,还懂得珍惜食物,非常了不起!

357. 宝贝,你把米饭吃得一粒不剩,真是我们家的"光盘小英雄"。

孩子不吃零食、好好吃饭时,家长巧回应

358. 刚才你像超级英雄抵抗住"糖分怪兽"的诱惑,这个决定让免疫系统又多了一面盾牌!

359. 你今天不吃零食,好好吃饭,肚子肯定很舒服,晚上睡觉也会更香哟!

360. 哇,你今天不吃零食,好好吃饭,我觉得你好像比昨天又长高了一点呢!

361. 宝贝,你今天吃饭这么乖,是不是想让妈妈爸爸表扬你呀?哈哈,你成功啦!

362. 你今天表现这么好,我相信你以后也能坚持下去,每天都能健

康快乐地成长！

363. 刚才你在青菜和薯片之间选了青菜，就像给身体雇用了"维生素小卫士"，这个选择使身体里的营养战队多了一员猛将！

364. 我们家的"健康小战神"在第 3 次零食攻坚战中，再次打败薯片，获得了全胜的好成绩！

孩子专注吃饭（细嚼慢咽、不看动画片、不乱跑）时，家长巧回应

365. 你没有看动画片，而是专心吃饭，这样对消化特别好，身体也会获得更多的营养哟！

366. 宝贝，今天妈妈发现你吃饭时像小美食家一样，每口饭菜都认真咀嚼 20 次以上！这种细嚼慢咽的做法能让身体更好地吸收营养，你也许还能发现西红柿里藏着的阳光味道呢！

367. 你今天吃饭这么专注，就像可爱的小猫咪一样，安静又认真！

368. 你今天吃饭时没有乱跑，妈妈觉得你特别棒，来，击个掌庆祝一下！

369. 你坐在餐桌前一动不动地吃饭，就像一棵稳稳的小树，妈妈都佩服你的定力！

370. 宝贝，你今天吃饭细嚼慢咽，这样对身体特别好，肠胃会更舒服，是个懂得照顾自己的孩子！

371. 宝贝，你今天吃饭这么专注，妈妈很高兴，晚上就给你讲一个长长的睡前故事作为奖励吧！

孩子主动拿餐具并好好吃饭时，家长巧回应

372. 今天你就像餐厅小管家一样帮忙摆餐具，摆好的筷子整齐得像

第二章
生活习惯养成——夸出自理小能手

用尺子量过!

373. 妈妈注意到你把汤勺柄朝外放,这样每个人拿起来都顺手!

374. 你能主动拿餐具,妈妈就像喝了一杯热乎乎的蜂蜜水,甜到了心坎儿里。

375. 你不仅能照顾好自己,还会帮家人做事,简直是我们家的超级小管家!

376. 采访下"光盘小英雄":把米饭吃干净的秘诀是什么?

377. 你吃饭时既不挑食,又细嚼慢咽,就像个小小美食家一样,沉浸在美食的世界中!

第五节 丢三落四
——让孩子养成自我检查习惯这样夸

场景演绎

清晨,小刚急匆匆冲出家门。到了学校,老师问:"作业呢?"小刚这才想起作业本还躺在书桌上。体育课后,他口干舌燥,找了半天水杯,结果发现水杯被遗忘在了操场。下午美术课,大家纷纷拿出彩笔,小刚却傻眼了——彩笔忘在家里了。小刚的一天像一场"遗忘接力赛","丢三落四"成了他揭不掉的标签。

第二章
生活习惯养成——夸出自理小能手

> **场景解析**

孩子难以同时兼顾多件事情,是因为他们尚未学会有效分配注意力,因此更需要养成良好的生活习惯。故事中小刚的丢三落四并非记忆力差,而是缺乏自我检查的习惯。他从忘带作业本到找不到水杯,再到忘记带彩笔,这些行为表明他没有养成提前准备和检查的习惯。这不仅影响学习效率,还可能打击孩子的自信心。

面对孩子的丢三落四,父母的反应也各不相同。有些父母为了避免孩子忘事,事事替孩子安排妥当,这反而容易让孩子产生依赖,变得马虎。还有些父母在孩子丢东西时直接批评,比如:"我都说过多少次了,你就是不长记性!"这种批评和指责的语气,可能让孩子产生抵触情绪,甚至觉得自己总是做不好,从而失去改正的动力。

孩子成长路上,每个行为偏差都藏着成长的契机。父母此时的耐心引导,远胜单纯批评或忽视。就像小刚,如果他主动检查书包,发现忘记放进作业本后及时放进去,父母不妨顺势夸赞:"你今天检查得很仔细,能及时发现并解决问题,有进步!"这种正向反馈如同给孩子的努力打了高分,能让他们信心倍增,切实感受到自我检查的好处,从而更愿意主动去做好,慢慢就养成习惯了。

> **教子有方这样夸**

孩子丢三落四的情况减少,有进步时,家长巧回应

378. 妈妈发现你今天上学时书包里整整齐齐的,书本、文具和水杯都带齐了，进步非常大！

379. 妈妈发现你最近很少丢三落四了，说明你在特别努力地改掉这个小毛病，妈妈很感动！

380. 你最近做事越来越有条理，没有发生丢三落四的情况，是不是用了什么小妙招？妈妈真想学习一下！

381. 你最近是不是偷偷装了个"记忆芯片"呀，怎么什么都记得清清楚楚的？妈妈都惊呆了！

382. 你最近很少丢三落四，这样上学时就不会手忙脚乱了，妈妈知道你在努力成长，这种进步比什么都珍贵。

383. 宝贝，你最近进步很大！比如上次我们出门，你不但自己检查了书包，而且提醒妈妈带钥匙。这说明你不仅自己变得细心，还学会了照顾别人。

384. 因为你最近都没有发生丢三落四的情况，爸爸妈妈决定给你一个小奖励：多看一会儿动画片。

孩子将自己物品标记好并收纳整齐时，家长巧回应

385. 你学会了提前整理自己的物品，不再像以前那样急急忙忙的。这些进步爸爸都看在眼里，你不仅变得更细心，也更有责任心了。

386. 看到你把故事书按照阅读频率摆放在书架上，最常看的放在中间层，这样拿起来真方便！

387. 你把东西整理得像超市物品一样整齐，这样找东西的时候就非常容易了哦。

388. 用蓝色标签贴数学作业本，红色贴美术材料，你把书包里的物品都整理得井井有条，就像个小小管理员一样，太能干了！

第二章
生活习惯养成——夸出自理小能手

389. 我发现你把小发卡收进月饼铁盒里，既防丢又能叠放，这个点子真实用！

390. 你最近把书包挂在门后挂钩上，水壶放在玄关第二格，这样物品有固定的位置，就再也不怕忘带了。

孩子学会自己检查物品是否有遗漏时，家长巧回应

391. 宝贝，你学会了提前检查第二天上课用的书本是否带齐，这样你就不会发生找不到物品的情况了。

392. 你今天特意看了课程表，确认了每一节要带的书本，这种认真的态度值得表扬。

393. 我发现你把乐高拼装好后，还仔细检查了一遍，确保没有遗漏任何小零件，这种细致的行为让我很惊喜！

394. 你能主动检查自己的物品，说明你越来越有责任感了！这种好习惯会让你以后做事更加有条理。

395. 记得以前你总是会忘记带东西，但现在你学会了检查，几乎没有遗漏过，进步很大！继续保持，你一定会越来越优秀！

396. 不错嘛，你不仅检查了书包，还带了备用口罩和雨伞，考虑得真周到！这种细心的态度会让你的生活更加顺利。

孩子丢东西后能够主动反思，并找到解决办法时，家长巧回应

397. 你发现校服不见了后，没有慌张，而是冷静地回忆了今天的行程，最后终于找到了校服。下次如果你能提前避免物品丢失，妈妈会在成长墙上给你贴一颗"守护星"哦。

398. 你丢了橡皮后，能主动去问同学和老师，还自己画了一张寻物启事，这种解决问题的能力让我很佩服！

399. 我注意到你为了找回丢失的铅笔,不仅仔细检查了书包,还去问了老师和同学,这种不轻易放弃的精神让我很欣慰。不过最让妈妈开心的是,你给每支笔都贴了班级和姓名!

400. 你今天不仅找回了丢失的东西,还想到了以后如何避免类似的问题,看来你不仅是"失物侦探",还是"问题解决大师"呢!以后家里再有什么难题,妈妈可要第一个找你帮忙啦!

401. 你像小侦探一样画了"今日校内行程图",标注了去过的地点,最后在图书角找到丢失的水杯时,是不是特别有破案成就感?

402. 铅笔找到后,你发明了防丢口诀("一绑二查三拍拍"),妈妈觉得你已经成为咱家的"防丢小教官"了!

第六节 没有计划
——帮助孩子做自己的时间管理大师这样夸

场景演绎

周六早上,涛涛想起今天要写作业、练钢琴、整理房间。他先来到书桌前写作业,可刚写了几行字,就被客厅传来的电视声音吸引了,立刻跑过去津津有味地看起了动画片。中午吃完饭,涛涛突然想起钢琴还没练,就跑去练琴。可没弹一会儿,他又被新到的漫画书吸引了。看完漫画书,他看到房间里乱糟糟的,想起妈妈说过要整理房间,于是开始收拾。这时同学在楼下喊他去踢球,他二话不说冲出了门。妈妈下班回家,看到房间里依然乱糟糟的,作业本上只有几行字,又听涛涛说钢琴也没弹完一首曲子。涛涛懊恼地说:"我今天怎么什么都没做完呢?"

场景解析

孩子做事没有计划性和时间观念是很常见的现象。他们容易被眼前的诱惑吸引，而忽略了长远的目标和任务。就像故事中的涛涛，被动画片、漫画书和踢球吸引，导致一天下来，计划的事情都没完成。

面对孩子做事没有计划，父母常感无奈。有些父母可能会直接批评孩子："你怎么总是这么拖沓？"或者"我都说过多少次了，要先做完作业再玩！"然而，这种批评往往只会让孩子产生抵触情绪，让计划难以执行下去。

其实，孩子做事有计划性需要长期的引导和训练。父母可以通过与孩子一起制订计划，并加入时间限制，逐步帮孩子克服"什么也做不完"的问题。比如，"写作业30分钟，休息10分钟"。又如，当孩子按计划完成任务时，父母要及时肯定和夸赞："你今天不仅按时完成作业，还练习了新曲子，真是个时间管理小达人！"这种正向反馈能增强孩子的自信心和成就感，激励他们保持良好行为，培养时间管理和自我管理能力，为未来的成功打基础。

教子有方这样夸

孩子做事能够自己制订计划时，家长巧回应

403. 你为这次考试制订了详细的复习计划，还分配了每天的学习任务，这种认真的态度和清晰的思路非常棒！我相信你的努力一定会有好结果。

第二章
生活习惯养成——夸出自理小能手

404. 你能自己制订计划，并且坚持执行，说明你越来越独立和有责任感了！这种能力对你未来的学习和生活都会很有帮助哟！

405. 你能根据自己的兴趣和时间来制订学习计划，这种规划能力非常宝贵啊！

406. 你为全家制订的游玩计划非常棒！不仅考虑了天气变化，还准备了备用方案，这种细心的态度让我们很佩服！

407. 你做的周末游玩计划非常棒，不仅考虑到了每个环节的趣味性，还兼顾了时间安排，看来你不仅是咱家的"时间管理大师"，还是个"快乐策划师"！

408. 你今天表现这么好，妈妈爸爸相信你以后一定能坚持下去，每天都把自己的事情管理得很好。

孩子懂得合理调整目标和计划时，家长巧回应

409. 妈妈注意到你发现作业太多后，主动调整了计划，先完成了最重要的部分。这种灵活调整的能力值得表扬，请继续发挥你的"超能力"吧！

410. 你发现练琴时间不够，就把每天练习的时间从 30 分钟调整到 20 分钟，虽然时间短了，但练习丝毫没有松懈，这样的安排既聪明又高效！爸爸忍不住要为你竖起大拇指！

411. 当你发现学习任务比预期多，就马上调整了复习计划，把任务分成了几天完成。爸爸相信，这种有条不紊的态度会让你的学习更上一层楼！

412. 你调整学习计划后，不仅按时完成了作业，还有时间打球。谁说学习和兴趣不能兼得呢？你的表现不就是最好的证明吗？

413. 你调整计划后感觉怎么样？是不是觉得压力小多了？你的方法

很有用呢！

414. 你总是这么细心，发现计划不合适就马上调整，无论是学习还是生活，你都能迅速找到最合适的解决方案，这种能力不仅让你事半功倍，还让妈妈爸爸感到特别放心。

孩子完成自己做的计划时，家长巧回应

415. 宝贝，你按照自己制订的计划，不仅完成了作业，还主动整理了书桌。这说明你不仅有计划，还能自己管理好自己，真像个懂事的"小大人"。

416. 妈妈注意到你按照自己的计划，每天坚持阅读 30 分钟，现在已经读完了三本书！这种自律和坚持真让人佩服！

417. 你制订的学习计划很详细，今天不仅完成了作业，还复习了数学和英语，效率真高！继续保持，未来你一定会收获满满！

418. 宝贝，我看到你制订了学习计划，还每天按时完成作业，提前预习新课。你不仅学会了安排时间，还把每件事都做得很好。这种努力和进步，妈妈都看在眼里，你真的很棒！

419. 为了能够顺利通过钢琴考试，你每天都能按照练琴计划打卡练习，现在每首曲子都弹得越来越好。这种坚持和努力，非常了不起！

420. 你制订的运动计划每天都坚持了下来，就像小蚂蚁一样按部就班地完成了任务。

421. 你不仅能够按照自己制订的计划，每天都坚持做 30 道口算题，还能够把错题整理好。爸爸相信，只要你继续这样努力，数学成绩一定会突飞猛进。

第七节 沉迷手机
——让孩子自觉放下手机这样夸

场景演绎

妈妈做好午饭喊琦琦吃饭，可连叫几声都没有回应。于是妈妈来到琦琦房间，发现她正捧着手机玩游戏，双眼紧盯着屏幕，手指飞速滑动。妈妈催了好几遍，琦琦才不耐烦地应一声，可人却不动弹。晚上该睡觉了，妈妈来收手机，她紧紧抱住不肯给，哭闹着说再玩一会儿，完全沉浸在手机世界里。

场景解析

孩子沉迷手机是许多父母的痛点。它不仅影响孩子的视力和作息，还会削弱他们的认知、思考和创造力，干扰日常生活。父母试图禁止孩子使用手机，但往往失败，甚至导致亲子关系紧张。其实，孩子沉迷手机并非"不听话"，而是他们渴望被关爱和重视的一种表达。

孩子对父母的陪伴有天然的渴望。当父母因工作繁忙等原因无法给予足够的情感支持时，手机游戏和社交媒体便成了替代品。这些虚拟世界能提供即时反馈和陪伴，让孩子找到情感寄托，从而减少对父母的依赖。此外，学业压力、人际关系问题或家庭矛盾也会让孩子想要通过手机逃避现实的痛苦，手机成了他们的"解压工具"。

面对这一问题，父母不应简单没收手机，而应多陪伴孩子，理解他们的内心世界，并帮助他们学会自我管理。例如，与孩子共同制订手机使用规则，明确使用时间和场合。当孩子遵守规则时，父母应及时表扬和奖励，增强孩子的自律性。只有用爱和耐心去引导，父母才能真正帮助孩子走出手机的世界，建立健康的生活方式。

教子有方这样夸

孩子主动放下手机时，家长巧回应

422. 宝贝，你主动放下手机，就像一个小英雄一样，打败了手机这个"怪兽"，这种自制力让爸爸很佩服。

423. 刚才你放下手机去陪弟弟玩，这举动太暖心了，弟弟一定感受

第二章
生活习惯养成——夸出自理小能手

到了满满的爱,开心得不得了!

424. 快看,墙上的手机自律打卡表已经打满了对勾,爸爸妈妈要给你一个小惊喜,因为你做得特别出色!

425. 你今天先写完作业再玩手机,而且只玩了半小时就停了!这样既能高效学习又能放松,真是聪明的安排!

426. 宝贝,你主动放下手机,这不仅对眼睛好,还能让你有更多时间去做自己喜欢的事情,你真的越来越优秀了!

427. 你今天吃完饭就放下手机去写作业了,完全不用我提醒,真是个有自觉意识的小男子汉!

孩子按约定的时间放下手机时,家长巧回应

428. 妈妈注意到你今天一到 9 点就放下手机了,完全没有拖延!这需要很强的自律才能做到,妈妈看到你一直在进步。

429. 刚才说好只玩 30 分钟,你果然说到做到!

430. 你今天按时放下手机时,弟弟也跟着关掉了平板。你的行为体现了什么是守规则,这对他是最好的引导。

431. 哇,宝贝,你刚才放下手机的速度比闪电还快!看来时间一到,手机在你眼里就瞬间没有吸引力了!

432. 你刚才放下手机的样子,简直像个"时间管理员",连手机都要听你的指挥!

433. 这一周你每天都准时放下手机,我们之间的约定顺利达成,妈妈很欣赏你的配合。

孩子用其他活动替代玩手机时,家长巧回应

434. 哇!你选了去骑车而不是刷视频!这样既能锻炼身体又能保护

眼睛，这个选择太棒了！
435. 谢谢你能放下手机，陪妈妈一起去散步，你真是妈妈的小棉袄！
436. 宝贝，你今天没有玩手机，而是去画画，就像一个小艺术家一样，用画笔代替了手机，太棒了！
437. 原来博物馆有这么多有趣的活动，谢谢你放下手机带着爸爸妈妈来参加，你既是咱家的小小情报员，又是最贴心的小导游。
438. 你能放下手机和爸爸妈妈一起去露营，这样的时光让爸爸妈妈觉得特别幸福！
439. 正是因为这一个月来你选择饭后练琴而不是玩手机，你的指尖力度控制更稳了，这就是刻意练习的结果。

孩子自觉用手机学习时，家长巧回应

440. 真没想到你让手机成为学习的好助手，这说明你懂得如何让科技为学习服务，真的很聪明！
441. 你制作的 PPT 很精彩，看来用手机学习的效果很好！继续发挥你的创意吧！
442. 你通过手机学习了很多新知识，这种聪明的选择非常值得表扬！
443. 你用手机学习，不仅开阔了视野，还养成了自主学习的好习惯，这样的你让妈妈觉得特别放心，继续加油，未来可期！
444. 宝贝，今天你做得很好，希望你以后都能像今天一样，把手机变成学习的好帮手。
445. 你今天不仅自律，还很懂得利用手机来学习，你的表现让爸爸感到很惊喜！

第二章
生活习惯养成——夸出自理小能手

446. 妈妈都没想到你能主动用手机查资料学习了，这不正说明你是个聪明又上进的好孩子吗？

孩子学会合理规划使用手机时间时，家长巧回应

447. 妈妈注意到你将用手机的时间安排得特别好，学习、社交和娱乐都兼顾到了，真是个时间规划小能手。

448. 妈妈看到你自己制订了手机使用时间计划，并且严格执行，这说明你越来越成熟了，真的很了不起！

449. 你今天把学习、娱乐和休息的时间都安排得很好，是不是觉得生活更有条理了？妈妈爸爸很为你高兴。

450. 我看到你最近只玩半小时手机，时间控制得非常好，你能够管住自己，不被游戏诱惑，进步非常大啊！

451. 爸爸想听听你是怎么合理安排手机使用时间的。比如，你每天会花多少时间在学习上，多少时间用来娱乐，又是怎么控制自己不沉迷于游戏的？我很好奇你是怎么做到的，能和我分享一下你的方法吗？

452. 你真的很会平衡学习和娱乐，既没有沉迷手机，又没有耽误学习，这种平衡能力太厉害了！你让妈妈看到了一个自律又懂事的好孩子！

第八节 说脏话、使用不好的网络用语

——孩子说话文明有礼貌这样夸

场景演绎

大壮和小区里的孩子们玩卡片游戏。输了一局后,他气急败坏地喊:"我真××倒霉!这什么破运气!"小伙伴们愣住了,纷纷看向他。爷爷听到后,眉头紧皱,心里既惊讶又担忧:"这么小的孩子,怎么会说这种话?"大壮却满不在乎,继续玩着游戏,嘴里时不时蹦出几句从网络上学来的脏话。

第二章
生活习惯养成——夸出自理小能手

🔍 场景解析

3~5岁儿童会经历"诅咒敏感期",他们在这个阶段会对"屎尿屁"等粗俗语产生强烈的兴趣,通过观察他人的反应探索语言的力量边界。这种行为并非恶意,而是语言认知发展的自然表现。随着认知发展,到了5岁后,他们开始模仿家人、同学或网络中的脏话,甚至觉得这是"酷"的行为。需明确的是,他们未必知道这些话的真正含义,只是觉得新鲜,或是想试探大人的反应。有时,孩子说脏话是为了表达情绪,而不是为了攻击他人。

父母听到孩子说脏话,常以强硬语言批评,但这可能让孩子觉得说脏话能引发父母激烈情绪,进而把这当作吸引注意或对抗的武器,反而强化了这种行为。

教育孩子文明有礼,父母不能简单批评或惩罚,而要用智慧和耐心引导。可以教孩子用"难过""失望"等词汇表达情绪,并一起制订"文明语言规则",如"不说脏话,不说伤人的话",并贴在显眼位置。违反规则可适当减少玩耍时间,遵守规则可给予夸赞和奖励,让孩子感受到遵守规则的快乐。教育的本质是唤醒,而非改造。用爱和理解对待孩子,他们自然会走向文明,成为更好的自己。

👍 教子有方这样夸

孩子说脏话或不文明用语的情况减少时,家长巧回应

453. 你的语言现在越来越文明了,这种改变不仅让你更受大家喜爱,也意味着你变得更加成熟和懂事。

454. 刚才你和同学说话时用了"请"和"谢谢",这种礼貌的表达不仅让对方感到温暖和尊重,也展现了你良好的教养和友善的品质。继续保持这样的礼貌和善良,你会收获更多朋友和快乐!

455. 你在和弟弟分享玩具时,没有像以前那样说不文明用语,而是耐心地慢慢解释,这种改变让我很感动!

456. 你不仅减少了说脏话,还学会了用更丰富的语言表达情绪,这种努力真的很棒!

457. 宝贝,你不仅自己不说脏话了,还提醒同学要使用文明用语,你的行为就像一束温暖的光,照亮了身边的人,让周围的人都变得更好。

458. 你最近和弟弟妹妹相处时,一直语气温柔,再没有说不文明的话。这说明你懂得了尊重和照顾比你小的人,我的宝贝长大了哟!

孩子与老师、长辈说话谈吐得体(使用礼貌用语)时,家长巧回应

459. 你主动用"您好"开始对话,结束时说"再见",这样清晰、有礼貌的表达让爷爷更喜欢你了。

460. 我注意到你和老师交谈时,不仅用了礼貌用语,还保持了微笑,这种细节真的很棒!

461. 你注意到奶奶手里提着袋子,就提前侧身开门说"您先请",这个动作让奶奶不用腾出手开门,进出也更轻松了呢。

462. 今天你对爷爷说"您辛苦了",这种体贴的话语让爷爷特别开

第二章
生活习惯养成——夸出自理小能手

心,还和爸爸妈妈一直夸你是个懂事的好孩子!

463. 你最近和同学、老师说话的时候不仅使用了礼貌用语,还结合了肢体语言,比如点头和微笑,这种用心的沟通方式让人感觉特别温暖和亲切。看到你这么懂事,我真是又惊讶又开心!

464. 今天老师跟我说,你在公开课上不仅发言积极,还有礼貌。老师们都很喜欢你这样的表现呢!你用自己的语言和态度赢得了老师的认可,妈妈为你骄傲!

在安全范围内,当孩子与陌生人讲话有礼貌时,家长巧回应

465. 刚才你在餐厅对服务员说"请帮我加点水",这种礼貌的表达方式让服务员叔叔很开心!真是个让人感动的小暖宝儿!

466. 你刚刚对售货员阿姨说"辛苦了",这种体贴的话真的让人很暖心!

467. 你刚才对服务员姐姐说了"请帮我拿一下菜单",这种礼貌的沟通方式非常得体!

468. 你和保安叔叔说话的时候,不仅用词得体,还一直面带着微笑,这种用心沟通的方式,一定会让保安叔叔感受到你的诚意和尊重!

469. 你收快递时对叔叔说了"谢谢",还侧身让出通道方便他放箱子,这样有礼貌又细心的行为,可以让叔叔送快递更高效。

470. 刚才你和叔叔说话不仅声音洪亮,还表现得落落大方。这种自信和礼貌的行为不仅让对方感到温暖,还展现了你的教养,这样的你,真是闪闪发光!

孩子到别人家做客，说话得体有礼貌时，家长巧回应

471. 宝贝，今天去别人家做客，你主动和叔叔阿姨打招呼，这样做非常有礼貌！他们都很喜欢你。

472. 今天在别人家做客时，你问好时音量适中，既能让王阿姨听清又不会打断她泡茶；中午又主动帮忙摆餐具，这太让人喜欢了！相信以后会有更多人愿意和你交朋友。

473. 今天在阿姨家，你表现得特别好，全程都安静有礼貌，没有大声喧哗，也没有乱动东西。这种懂事的表现真的很让人喜欢，你用自己的行为赢得了大家的喜爱。

474. 宝贝，今天在别人家做客时，你表现得很有礼貌，叔叔阿姨一直在夸你。礼貌待人是获得他人尊重的前提，爸爸妈妈为你感到自豪。

475. 今天在叔叔家，你不仅和小朋友相处得很好，还主动分享自己的零食，大家都很喜欢你。这种友善和慷慨的行为，就像一缕温暖的阳光，温暖了周围每一个人的心。

476. 今天在阿姨家，你看到地上有玩具，就主动帮忙收拾整齐。你的懂事和责任心，让我觉得你真的长大了，我猜阿姨也一定很欣赏你的细心！

孩子在公共场合（如学校、公园）文明有礼时，家长巧回应

477. 今天在图书馆，你全程安静地看书，没有打扰任何人。这种自律和尊重他人的行为，真的很让人欣慰。你用自己的行动维护了图书馆的安静环境，大家都很喜欢你这样的小朋友！

478. 在公园的时候，你看到地上有垃圾，就主动捡起来扔进垃圾桶。就像故事里的小英雄一样，用自己的行动保护了环境，妈妈猜

第二章
生活习惯养成——夸出自理小能手

公园里的花花草草也会感谢你呢!

479. 午饭时,你安静地等待上菜,没有大声喧哗,这份乖巧和懂事,让周围的人都感受到了一份宁静和舒适,真是个让人喜欢的小宝贝!

480. 等地铁时,你主动站在队伍后面,没有插队。这种遵守秩序的行为,真的很棒!妈妈相信你会继续保持这种文明的习惯,成为一个让人敬佩的人!

481. 你在公共场合表现得非常好,不仅文明有礼,还懂得尊重别人。妈妈相信,这些小小的举动会成为你未来成长中最闪亮的光芒,让你走得更远,遇到更多美好的事情。

482. 今天的木偶剧非常精彩,你安静地坐在座位上看表演,还主动把零食包装纸放进垃圾桶。你用自己的行动证明了自己是个懂事的小观众,妈妈相信你会一直这么棒!

孩子与同学、朋友相处,注意分寸、不开过分的玩笑,家长巧回应

483. 老师夸你最近与同学聊天时,语气特别和气,还没有说任何伤人的话。这种善良和懂事会让大家越来越喜欢和你做朋友!

484. 看到好朋友不开心,你能够主动过去安慰,还陪他一起玩,这份体贴和友善真的很珍贵!

485. 你主动借给朋友自己的跳绳,还耐心地等朋友先玩。这种懂分享、不争抢的品质,让妈妈觉得你特别懂事。相信你的朋友一定很高兴能有你这样的好朋友!

486. 妈妈发现你和朋友相处时,不仅没有开过分的玩笑,还主动照顾到朋友的感受,用善良和温暖感染了每一个人。大家都很喜欢你呢!

487. 和同学相处时,你表现得特别友好、有礼貌。这种懂事的表现,让妈妈觉得你特别有教养。你用自己的行为赢得了大家的喜爱,继续保持哦!

488. 今天和朋友玩耍时,你主动避免了可能让对方感到尴尬的行为,不仅懂得开玩笑的分寸,还能用幽默的方式让大家开心,你就像一个"开心果",走到哪里就把笑声带到哪里,真是个温暖又有趣的小家伙!

第三章

情绪管理
——夸出阳光好少年

第一节 爱发脾气
——孩子控制住坏脾气这样夸

场景演绎

小斌一家去餐厅吃饭,菜上齐后,小斌发现没有他最爱的糖醋里脊,小脸立刻阴沉了下来。妈妈耐心地解释:"这道菜今天卖完了,我们下次再来吃。"小斌猛地将筷子摔在桌上,大声嚷道:"我就要吃糖醋里脊!"他一边喊,一边用拳头捶打桌子,引得周围客人纷纷关注,弄得爸爸妈妈尴尬不已,小斌却丝毫没有停下的意思,继续在座位上撒泼打滚。

第三章
情绪管理——夸出阳光好少年

> **场景解析**

情绪管理是孩子成长的重要课题。年纪越小的孩子,越容易大哭大闹、乱发脾气,这是因为负责情绪控制和理性思考的前额叶皮层还未发育成熟。因此,他们难以像成年人一样用理性控制情绪,容易通过发脾气来表达不满。

大一些的孩子则多会因为遇到挫折而发脾气,比如:父母拒绝他们的请求,批评或阻止他们做某件事;在学习、生活中遇到困难;与同伴发生冲突,被排斥……都容易让孩子产生挫败感,进而通过发脾气释放压力。

当孩子发脾气时,很多家长的第一反应是大声斥责:"不许哭!"或无条件迁就:"好吧,给你想要的!"也有家长选择让孩子自己冷静。这些看似快速解决问题的方法,实则只是暂时压制了孩子的负面情绪。

作为家长,需要理解孩子的成长特点。在孩子发脾气时,家长要先保持冷静,让孩子明白情绪表达是正常需求,但发脾气不可接受。然后再与他约定:"生气时可以深呼吸,但不能打人。"当孩子尝试用中性的语言表达情绪时,家长须及时给予具体表扬和鼓励,例如,"宝贝,你刚刚用语言表达了自己生气的感受,这很棒!说明你是一个懂得用语言表达情绪的好孩子。"同时,可以轻轻摸摸孩子的头或者给予一个温暖的拥抱,让孩子感受到被认可和鼓励,从而增强积极行为动机。

👍 教子有方这样夸

孩子情绪不好时，家长巧回应

489. 宝贝，我知道你和朋友闹矛盾了，心里很不舒服。但你没有冲动地去指责别人，而是选择了先冷静下来，你能做到这一点，真的很了不起！这是成长中很重要的一步。

490. 你要是心情不太好，就在这里待一会儿吧，妈妈会一直陪在你身边，等你想说话的时候，随时和妈妈讲哦！

491. 宝贝，如果你现在心情不太好，可以先回自己的房间待一会儿。等你心情好了，我们再慢慢聊，好不好？

492. 妈妈知道搬家让你有点儿难过，离开熟悉的地方和朋友肯定不好受。但妈妈相信你是个勇敢又坚强的孩子，很快就能适应新环境。到了新家，你一定能交到更多新朋友，开启一段新的快乐时光！

493. 我知道被朋友误解一定很委屈，但生气和抱怨解决不了问题。主动去沟通，才能让朋友了解你的真实想法，这样问题才能真正解决。你想一想，是不是这样的呢？

孩子虽然生气或不满，但没有随意发脾气或说伤人的话时，家长巧回应

494. 你心爱的玩具被弄坏了，虽然心里很生气，但你没有大哭大闹，而是平静地告诉我发生了什么。这说明你已经学会了用更成熟的方式表达自己的感受，真懂事！

495. 刚刚你和朋友发生了一点小矛盾，你没有指责对方，而是主动

第三章
情绪管理——夸出阳光好少年

道歉。这不仅化解了矛盾，还让朋友感到被尊重。这种能站在别人角度思考的同理心，真的很让人感动。

496. 被老师批评肯定心里不好受，你能虚心接受不生气，这太让妈妈惊喜了！宝贝，你这可不是一般的进步，这是在学会怎么面对挫折，怎么从批评里成长，你真的长大了！

497. 宝贝，现在遇到事情时，你都能很好地控制自己的情绪，这种改变真的很让人惊喜。你不仅变得更受欢迎，还展现出一份成熟和稳重，这正是成长最美好的模样！

498. 刚才遇到不开心的事情时，你没有发脾气，而是选择了用深呼吸来平复情绪。这种冷静和自我调节的能力，让妈妈感到特别欣慰。你用自己的行动证明了自己有多坚强！

499. 今天遇到不公平的事情时，你没有发脾气、抱怨，而是主动寻找解决办法。恭喜你能够用更积极的方式面对问题了！

孩子学会用沟通解决问题，而不是用情绪对抗时，家长巧回应

500. 宝贝，今天遇到问题时，你没有生气，而是用语言和对方沟通，太让人欣慰了！你用自己的方式告诉我们，你已经学会了用正确的方法解决问题，这可是成长中最美好的一步。

501. 这次你和朋友发生矛盾时，你用自己的方式化解了问题，越来越像个小外交家了！

502. 我的宝贝，你遇到不顺心的事的时候没有变成"喷火龙"，而是主动和爸爸妈妈沟通。这种理性解决问题的行为非常了不起哟！

503. 你今天用语言解决问题，是不是觉得和朋友相处得更融洽了？这种用沟通代替争吵的方式，不仅让你俩之间的关系更加亲密,还让周围的人都感受到了你的善良和智慧。继续保持哦,宝贝!

504. 你被陌生的小朋友抢走足球后没有发脾气,而是主动去和他沟通,妈妈觉得这个方法特别棒!你用行动证明了你是一个会解决问题的大孩子!

505. 你今天表现得很有分寸,没有让情绪影响到别人,这不仅让朋友更喜欢你,还让周围的人都觉得特别舒服。大家都更愿意和你相处,因为你用自己的行为传递了温暖和尊重,真棒!

孩子情绪激动,但仍尝试着运用正确方式来化解情绪风暴时,家长巧回应

506. 妈妈看到你刚才生气地扔了积木,但马上停下来做了三下深呼吸,像给心里的"小火山"装了个"安全阀"。现在你能自己调整呼吸节奏了,这和消防员控制火势一样厉害哦!

507. 这次遇到问题,你用深呼吸让自己平静下来。你的情绪就像大海里的波浪,虽然有起伏,但很快就能恢复平静,真棒!

508. 你教妹妹吸气时把手放在肚子上,这个动作超专业!压力大时这样做,大脑的"警报"就会自动解除了。

509. 虽然这次考试没有达到自己的标准,但你没有崩溃大哭,而是冷静地分析了失利的原因。这种面对挫折的勇气和理智,是你成长路上最宝贵的财富,继续保持哦!

510. 你今天表现得很有耐心,没有让情绪影响到自己,这不仅让你更加随和,也让你更容易找到解决问题的办法。

511. 刚才你因为积木倒塌有点生气,但你没有摔东西,而是冷静下来想办法重新搭建,这说明你已经懂得用智慧解决问题,而不

第三章
情绪管理——夸出阳光好少年

是靠情绪了。

孩子同父母发生矛盾时没有发脾气，家长巧回应

512. 你跑去卧室时顺手把门留了条缝，这个细节说明你不是逃避，而是想冷静后再沟通。这就像足球比赛时利用暂停时间调整战术，你刚才的"中场休息"用得特别专业！

513. 今天晚上回家被妈妈责备时，你没有发脾气，而是平静地解释了原因。这种做法让我觉得你真的长大了，懂得用更理智的方式处理问题，真好！

514. 虽然我们因为作业问题意见不合，但你没有吵闹，而是主动和妈妈沟通，耐心地解释你的想法。你能用语言解决问题，而不是用情绪对抗，这种进步，妈妈都看在眼里，我真的为你感到骄傲！

515. 你刚才用语言清楚地表达了自己的想法，而不是用情绪对抗，你这样的沟通方式特别成熟，也特别让人喜欢。以后遇到事情，我们都可以像今天这样，好好说一说，把问题解决掉。

516. 今天因为忘记带东西被爸爸批评，虽然你有些不开心，但你没有发脾气，而是主动承认了错误。这让我觉得你真的长大了，懂得对自己的行为负责。

517. 虽然对爸爸妈妈的决定有些不满，但你选择了尊重，没有发脾气。这种成熟和懂事的做法让我觉得你特别有教养，也让我很骄傲。

和同学、朋友发生矛盾，孩子没有发脾气时，家长巧回应

518. 今天和同学因为座位问题发生矛盾时，你没有吵架发脾气，而

是主动商量，找到了一个大家都满意的方法。这种沟通能力太厉害了，说明你懂得用智慧去解决问题，而不是靠情绪。

519. 今天和朋友发生矛盾时，你没有冲动，而是用"石头剪刀布"来决定，不仅解决了问题，还让大家都很开心。你真是个小机灵鬼！

520. 这次你和同学在某个问题上意见不一致时，你能够主动道歉并提出了一个很好的解决方案。这种成熟的表现让妈妈觉得你真的长大了，也让我们看到了你身上的责任感和智慧。

521. 你和同学因为小组作业的任务分配产生了分歧，但你始终保持着友好的态度，既让我觉得你特别有教养，又让我看到了你内心的温柔和强大。

522. 美术课上，你和同学因为彩笔的使用起了点小争执，主动找老师帮忙，很快就解决了问题。这种冷静又理智的做法，是不是比冲动发脾气强多了呢？

523. 你建议每10分钟轮换裁判，这个时间设定很科学，比单纯说"要公平"可行多了！下次班会你可以和大家分享这个好方法。

第二节 输不起
——孩子输了不气馁这样夸

场景演绎

笑笑、然然和艳艳一起比赛跳绳。一开始笑笑遥遥领先，可中途她不小心被绳绊住了，慢了下来，当她看到小伙伴超过自己时，笑笑一下子把跳绳扔到地上，哭了起来："我不想比了！"大家怎么劝都没用，笑笑小脸涨得通红，满心都是对输的不甘，那副只想赢、见不得输的模样，让周围人都很无奈。

场景解析

在孩子成长过程中，竞争无处不在。面对竞争和挑战，有些孩子会因输掉比赛或游戏而大哭大闹，甚至拒绝再尝试。比如，笑笑在跳绳比赛中被反超后，瞬间情绪失控，扔掉跳绳大哭，拒绝继续比赛。这种"只想赢、见不得输"的行为，反映出孩子在面对挫折时缺乏心理韧性，也暴露了家长在挫折教育方面的不足。

输不起的孩子大多内心敏感，对失败反应强烈，尤其在意同伴的评价。他们在失败后难以快速恢复，甚至会长时间情绪低落，这背后可能还隐藏着自卑情绪。不仅如此，自尊心和好胜心过强的孩子也容易输不起。他们往往对自己的期望过高，认为必须在任何事情上都成功，一旦失败，就会觉得自己"不够好"。

对于"输不起"的孩子，家长的反应至关重要。首先，家长要理解并接纳孩子的情绪，用共情式回应让孩子感受到被理解，从而缓解情绪。等孩子情绪平复后，再引导他们理解失败是成长的一部分，通过积极的言语鼓励他们在失败后继续努力。家长要通过持续的正向强化，帮助孩子建立健康的竞争观和自信心。

教子有方这样夸

孩子学会面对失败，不再将"输"视为一种负面的、不可接受的结果时，家长巧回应

524. 你从以前害怕失败到现在能坦然接受，这种成长真的很了不起！

第三章
情绪管理——夸出阳光好少年

525. 虽然这次没有赢,但我看到你付出了很多努力,这种坚持比结果更重要!

526. 宝贝,你在比赛中表现得很棒,虽然最后没有赢,但你学到了这么多宝贵的经验,这才是最重要的,对不对?

527. 你没有因为输掉比赛而难过,反而鼓励自己下次再努力,这种勇气和乐观的心态太让人喜欢了!

528. 你今天的表现让我很欣慰,你不仅学会了面对失败,还懂得了从失败中汲取力量,这对你的成长很重要。

529. 失败并不可怕,它让你更强大。你今天的表现证明了这一点!

孩子能够思考并从失败中吸取经验时,家长巧回应

530. 宝贝,你今天没有因为失败而放弃,而是从中找到了自己的不足,这太厉害了!失败是成长的阶梯,你正在变得更强。

531. 这次美术比赛虽然没有拿到名次,但你没有放弃,而是找出可以改进的地方。懂得把失败当作学习的机会,这种乐观和坚韧的劲儿,真的很了不起!

532. 虽然比赛输了,但你没有气馁,反而是与队友一起讨论失误的地方,还安慰了队友。这说明你不仅学会了面对失败,还懂得团队精神。相信下次比赛,你们一定能取得好成绩。

533. 这次实验虽然一开始没成功,但你没有气馁,而是冷静地重新调整步骤,最终取得了成功。这个过程不仅让你收获了成功,更让你学会了坚持和反思,你想一想,是不是这样?

534. 虽然这次演讲没达到预期,但你分析了问题,比如"语速太快",你针对这个问题制订了练习计划。这次失败反而让你更清楚如何改进,这才是最大的收获!

535. 看来你从这次失败中学到了很多，比如"要更注意团队配合"。你是怎么想到这些的，能和爸爸分享一下吗？

536. 这次失败反而展现了你的进步空间，你是怎么想到"错题记录本"这个好方法的？

孩子失败后继续努力时，家长巧回应

537. 这次演讲比赛虽然没有进入决赛，但你没有气馁，而是继续练习。这种勇气和不服输的精神，让我看到了你的成长。

538. 宝贝，编程的时候遇到问题，你没有放弃，而是一直调试到程序成功运行。这种钻研的精神非常宝贵。

539. 现在做数学作业遇到难题时，你不再轻易放弃，而是自己查阅资料，最终找到了答案。这种独立解决问题的能力，让我觉得你特别有主见！

540. 上次跑步比赛没拿到名次，你虽然有点难过，但没有放弃，反而每天坚持练习。这种不服输的劲头，真的很棒！

541. 虽然一开始总是弹错音，但你没有气馁，而是停下来仔细找原因，反复练习，直到弹得更好。你用自己的努力证明了，只要坚持，就一定会有进步！

542. 哎呀，摔倒了肯定很疼吧，但你每次都能马上爬起来接着练。这股劲儿太让人佩服了，你可真是个坚强的小家伙。

第三节 "不，我就不"
——孩子听话不逆反这样夸

场景演绎

周六晚上，妈妈提醒曼曼洗漱睡觉，可她盯着电视播放的动画片，头也不回地喊："不要，我要看完这一集！"第二天，爸爸叫曼曼练琴，曼曼大声拒绝："我不练，我的乐高还没有拼好呢！"下午全家去看望奶奶，妈妈让曼曼穿外套再走，曼曼跺着脚嚷："我不要穿这件，太丑了！"无论父母说什么，曼曼总是用"不"来回应，家里每天都上演着一场"对抗赛"。

场景解析

6~12岁的孩子自我意识增强,渴望更多自主权,他们不再满足于被动接受父母的安排,而是希望通过说"不"来表达自己的想法和需求。然而,很多父母在面对孩子的"不"时,第一反应是说教、命令甚至威胁,但你会发现,越是强硬,孩子的反抗就越激烈。这是因为,孩子的"不"是一种情绪的表达,而不是理性的选择。当你用命令的方式回应时,只会激发他们的逆反心理,让对抗升级。

比如,曼曼拒绝练琴,如果爸爸说:"你今天必须练,不然别想玩乐高!"曼曼可能会更固执地拒绝,甚至大哭大闹。因为她的情绪没有被理解,她的需求没有被看见。其实,孩子的"不"并不可怕,关键在于父母如何回应。与其用命令压制,不如理解和引导,用夸赞代替指责,用引导替代命令。比如,当孩子不想洗漱时,妈妈可以说:"我知道你很想看完这一集,但洗漱后我们可以早点睡觉,明天还有更多时间看动画片哦。"通过理解孩子的感受,减少孩子的抵触情绪。夸赞就像一把钥匙,能打开孩子的心门,让他们从"不"变成"好"。

教子有方这样夸

孩子拒绝配合父母时,家长巧回应

543. 爆米花的确很诱人,不过你的嗓子现在还在发炎,医生说了暂时不能吃膨化食品。等嗓子完全好了,再一起大口大口吃爆米

第三章
情绪管理——夸出阳光好少年

花，享受美味吧！

544. 戴帽子的小熊看起来确实很可爱，不过你已经有一只很像的玩具熊啦。我们回家后可以一起给你的小熊做一顶超级漂亮的帽子，说不定还能做得比商店里的更好呢！

545. 我知道你很喜欢小朋友的玩具飞机，这样吧，我们和小朋友约好，下次再一起玩飞机，你可以好好研究一下，也许还能发明新的玩法呢！

546. 我看你已经写了一半了，要是一口气把剩下的部分也写完，就能痛痛快快地玩个够啦，妈妈相信你能做得非常好。

547. 宝贝，你知道自己喜欢什么风格的衣服，这是很棒的！我们可以一起选一件你更喜欢的衣服，这样你穿起来也会更开心。

548. 既然你这么想自己保管压岁钱，那爸爸妈妈就都交给你啦！你可以试着做个规划，想想怎么合理使用这些钱哦。

孩子学会表达自己的情绪或需求，不再说"不"时，家长巧回应

549. 宝贝，今天你没有直接说"不"，而是清楚地告诉我你的想法。其实学会自我表达也是一项非常重要的能力哟！

550. 这次你不想做某件事时，没有直接说"不"，而是告诉我们为什么。比以前遇到不开心就生气发脾气，可进步太多啦！

551. 你选择了更合适的方式表达自己，让爸爸一下就知道错在哪儿了，你真的长大了，会好好表达情绪了。

552. 今天你感到困惑时没有抵触，而是和妈妈分享了你的想法。这种信任和依赖让我很感动，也让我看到了你的成长！

553. 你能主动告诉我你为什么不开心，而不是简单地把情绪憋在心里，这说明你有正确表达自己的能力。下次遇到不开心的事情，

也可以像今天一样告诉妈妈。

554. 面对问题时，你没有退缩，也没有粗暴地拒绝，而是勇敢地说出了自己的想法。这份坦诚和勇气让我为你感到特别骄傲！

面对压力或不满，孩子学会管理自己的情绪，不再逆反时，家长巧回应

555. 宝贝，你知道吗？今天你和爸爸妈妈对话时，你没有被"情绪小怪兽"控制，而是冷静地表达了自己的想法，进步非常大，以后遇到类似问题也要这样做哟！

556. 今天妈妈让你完成额外的作业，你没有生气，而是平静地接受了。这种冷静和理智，让我觉得你已经学会用成年人的方式管理自己的情绪啦！

557. 我让你帮忙做家务，虽然一开始你不太情愿，但你没有直接拒绝，而是默默地把任务完成了。这种冷静处理问题的方式特别棒，你证明了行动比情绪更有力量！

558. 在家庭聚会中，虽然你被安排了不喜欢的任务，但你表现得很出色。你能用更积极的方式面对不满，这太让人开心了！

559. 面临考试压力，你既没拒绝做练习题，也没闹情绪，还制订了复习计划，爸爸特别欣慰。这种积极主动的态度，会让学习更上一层楼。

560. 我看到你刚才虽然很不满意爸爸的安排，但你没有抵触，而是耐心倾听并主动寻求帮助。看来你已经学会了用更理智的方式处理不满，而不是冲动地反抗。

第三章
情绪管理——夸出阳光好少年

孩子没有耍赖、抗拒而是配合父母行动时,家长巧回应

561. 时间一到你就乖乖去睡觉了,看来你已经学会了自律,也懂得了早睡早起的好处。希望你能继续保持这个好习惯,妈妈会一直陪着你一起进步!

562. 爸爸看到你自己把书包整理好,还认真地进行了检查,心里暖暖的。爸爸相信,这些小小的改变一定会在未来的日子里,为你带来更多的惊喜和收获!

563. 你主动做了数学第三单元的思维导图用来复习,这让我很惊喜!

564. 爸爸妈妈都没想到,你可以利用放学路上的时间听英语,这种自律和主动学习的态度太让人开心了!希望你带着这份学习的热情,不断探索新知识,成为更好的自己!

565. 这次去超市,你按照约定只买了一样东西。你做出这种节俭、遵守承诺的行为,真是太懂事了!

566. 你没有抗拒妈妈的提醒,而是每天自己主动坚持练琴,现在乐曲弹得越来越动听。瞧,你用自己的行动证明了,付出努力就能收获成长和进步哟!

567. 今天你没有闹脾气,而是主动配合爸爸妈妈,这让我特别惊喜!你不仅学会了尊重他人,还掌握了自我管理的小秘诀,简直就是咱家的小榜样!

第四节 情绪失控
——孩子快速平静这样夸

场景演绎

萌萌满心欢喜地准备和爸爸妈妈去公园玩。可临出门前，她找不到心爱的发箍了。萌萌瞬间暴跳如雷，把玩具都扔到地上，嘴里大喊着"不去了"，眼泪"吧嗒吧嗒"直掉。妈妈怎么安抚都没用，此时的她完全被情绪掌控，整个人陷入失控状态，仿佛全世界都在与她作对。

第三章
情绪管理——夸出阳光好少年

场景解析

萌萌因找不到心爱的发箍而崩溃，因为发箍对她来说不仅是物品，更是美好期待的象征。当期待被打破，失落与焦虑涌上心头。此时，家长若用"你太任性"这类否定语言，无异于火上浇油。相反，父母不妨化身"情绪翻译官"，用共情和夸赞为孩子搭建通向理性的桥梁。

比如，父母可以蹲下来温柔地说："我看到你特别珍惜这个发箍，它对你就像骑士的宝剑一样重要，对吗？"这种共情式语言既肯定了孩子的情绪，又让她感受到被理解。接着，父母应鼓励孩子："你平时总是那么懂事，我相信你一定能找到解决的办法。我们可以一起找找，说不定它就躲在某个角落等你呢！"这样的鼓励能给予孩子力量，引导她从情绪的旋涡中走出来，积极面对问题。最后，可以通过夸赞孩子的优点转移注意力："萌萌，你平时画画时总是那么专注，要是你用这种专注力去寻找发箍，一定很快就能找到。"这样的夸赞让孩子感受到自己的价值，同时引导她调整情绪，投入寻找发箍的行动中。

孩子的情绪失控是成长的必经之路，父母的智慧引导则是孩子走向成熟的重要助力。那些被温柔解读的失控时刻，终将成为孩子构建情绪韧性的珍贵拼图。

教子有方这样夸

孩子情绪激动后能够自己冷静下来时，家长巧回应

568. 刚才玩具被抢走，你一定很生气吧？但你没有大哭大闹，而是自己冷静下来，这真的太棒了！你学会了控制自己的情绪，这就是成长的表现！以后遇到这种情况，可以先深呼吸，然后和小朋友好好沟通。

569. 宝贝，生气和着急解决不了问题，冷静思考才能找到办法。你今天就做到了，以后遇到困难也可以这样，妈妈相信你能行！

570. 和朋友吵架一定很生气，但你没有哭闹，而是主动去道歉，你这种处理问题的方式才是最智慧的，因为生气只会让问题更糟！

571. 老师说你去新学校，一开始有点紧张，但很快就调整过来了，还主动和同学们打招呼。你学会了适应新环境，真是个勇敢的孩子！

572. 宝贝，等了这么久，你一定很着急，你能忍住没有哭，太让妈妈欣慰了！有时候事情会比我们想象的更慢，只要你像今天这样耐心等待，就能让自己更开心。

573. 宝贝，你用画画的方法表达情绪的方式很有创意，你是怎么想到的，能和我分享一下吗？

574. 孩子，你通过制订学习计划来缓解考试压力，这种智慧真的很棒！爸爸妈妈都被你"圈粉"啦！

孩子懂得如何向父母表达情绪时，家长巧回应

575. 宝贝，你愿意和我说出自己的感受，这说明在你心里把我当成了最信赖的人，这种信任让妈妈特别感动！

576. 玩具坏了你一定很难过，不过你没有哭闹，而是和妈妈说出了自己的感受，这真的让我很感动。以后遇到不开心的事情，随时和爸爸妈妈说，我们一起想办法解决。

第三章
情绪管理——夸出阳光好少年

577. 今天你不想去上课外班，就来和爸爸妈妈好好沟通。宝贝，你已经学会了用"超级大脑"解决问题，以后遇到事情，继续用这个方法哦！

578. 你今天主动表达了自己的感受，是不是觉得妈妈更能理解你了，心里也舒服多了？

579. 虽然你不想做家务，但你没有发脾气，而是像个小大人一样和妈妈商量，这太让我意外了！你这种情绪管理的技能，简直比大人都厉害！

580. 你今天的表现让我很欣慰，你不仅学会了表达自己，还很懂得用合适的方式让别人理解你，这种能力对你以后的成长非常重要！

孩子调整情绪后重新开始时，家长巧回应

581. 宝贝，你虽然一开始很沮丧，但很快就主动要求再试一次！你用自己的行动证明了什么是坚持和勇气，这种不服输的精神，简直太棒了！

582. 宝贝，刚才你没有被情绪牵着走，而是很快稳住了自己，重新开始。这说明你已经学会了怎么和情绪"做朋友"。这样的你，爸爸妈妈都很佩服哦！

583. 你今天被拒绝时没有哭闹，而是很冷静地接受了，爸爸知道后很开心！以后遇到任何事情，都要像今天这样，用理解和包容去面对，你一定会做得更好！

584. 妈妈记得你之前有时会因为小事生气哭闹，但现在你都能冷静处理了，是不是觉得自己进步很大呀？

585. 今天被老师批评时，你没有崩溃，而是冷静地听完并主动改进，

这种态度真的很棒！继续保持这份冷静和勇气，未来你一定能成为那个让所有人都刮目相看的超级厉害的自己！

586. 第一次组装机器人没成功，妈妈看到你捏紧小拳头，还担心："这下要闹脾气啦？"没想到你却冷静下来，认真研究起了图纸。这种坚持不放弃的韧性真了不起！

孩子懂得识别自己或他人的情绪时，家长巧回应

587. 宝贝，你今天能够找出自己生气的原因，还注意到朋友的情绪变化，这种既能表达自己感受，又能照顾别人心情的能力，会让你和朋友的沟通越来越顺畅。

588. 你看到朋友摔倒哭了，不仅没有害怕，还主动过去安慰，在妈妈眼里，你就像个小太阳，温暖又明亮。希望以后遇到类似的事情，你也能像今天这样，用温暖的方式去帮助他人。

589. 宝贝，你今天主动写情绪日记，记录自己的情绪变化，这个方法很聪明！希望你继续用这种方式去了解自己，发现自己的美好，变得更加坚强和自信！

590. 看到爸爸皱眉敲键盘，你不仅给爸爸倒了一杯温水，还在放水杯时轻敲了两下桌面提醒，这种安静的关心方式比说话更有力。

591. 以后遇到挫折，就要像今天这样，先了解自己的情绪，再用积极的心态去面对。爸爸妈妈永远支持你，相信你一定能越来越棒！

592. 你看到妈妈有点不开心，就主动过去问她是不是需要帮忙，我家宝贝长大了，不仅很懂事，还很贴心！

孩子情绪失控的情况减少时，家长巧回应

593. 你最近情绪失控的情况变少了，这不但让你心情更好，也让妈

第三章
情绪管理——夸出阳光好少年

妈爸爸很欣慰。你终于学会用更成熟的方式面对问题了。

594. 你最近没有耍脾气，是不是觉得和小伙伴相处得更融洽了？爸爸妈妈也很为你高兴呢。

595. 以前做作业遇到难题时你总是很急躁，但最近你没有像以前那样发脾气，而是主动来问妈妈，还自己先想了很多办法。看到你遇事能这么冷静，爸爸妈妈心里特别开心！

596. 之前做作业遇到难题时，你总是气得直跺脚，急得像热锅上的蚂蚁。但最近，你没有像以前那样发脾气，而是学会了冷静思考。这说明你已经掌握了驾驭情绪的方法，能把"生气小怪兽"赶走啦！

597. 宝贝，今天你感到失望的时候，没有像往常一样哭闹，而是很懂事地告诉妈妈"我有点难过"，这可太不简单啦！以后遇到不开心的事时，也要继续使用这种应对方法！

598. 妈妈发现你最近在控制情绪方面进步很大，如今天你生气时没有大喊大叫，而是选择了冷静下来再说话。我相信你以后会越来越擅长处理自己的情绪！

第五节　焦虑不安
——孩子保持镇静这样夸

场景演绎

星期五，程程要参加学校的演讲比赛，他心里特别紧张，总是不自觉地咬指甲，晚上也睡不好觉。妈妈发现后握住他的手，教他深呼吸的方法，并陪他一起练习演讲。比赛当天，妈妈微笑着对程程说："程程，你已经准备得很充分了，妈妈相信你一定可以做到！"程程站在台上，手心冒汗。但就在那一刻，他想起了妈妈教的呼吸法，慢慢地调整呼吸，紧张的情绪渐渐缓解了。最终，程程顺利完成了演讲，台下响起热烈的掌声。程程开心地笑了，他知道自己迈出了勇敢的一步。

第三章
情绪管理——夸出阳光好少年

场景解析

在成长的舞台上,每个孩子都可能面临属于自己的"聚光灯时刻"。孩子在面对重要任务时产生的焦虑紧张情绪,往往源于他们对未知的恐惧和对失败的担忧。故事中的程程正是因为他渴望做好,却又害怕失败。然而,程程妈妈的温柔陪伴和智慧引导,让程程在关键时刻找回了内心的平静,迈出了勇敢的一步。

其实,孩子在面对挑战时,内心最渴望的是被理解、被认可。夸赞不仅是一种认可,更是一种信任。它让孩子知道,他们的努力被看见,他们的勇气被珍视。当孩子陷入焦虑时,夸赞就像一把钥匙,打开了他们内心的力量之门,给予孩子前行的力量。

然而,夸赞虽然简单,却需要真诚和智慧。当孩子焦虑时,不要说"别紧张""别害怕"这样空洞的言语,而是要具体地夸赞他们的努力和进步。例如,"我看到你为了这次比赛付出了很多努力,每天都在进步,妈妈为你感到骄傲!"这样的夸赞,不仅能让孩子感受到自己的价值,还能让他们在不安中找到力量。当孩子感受到被认可时,他们会更有信心去面对未来的挑战。每一次夸赞,都是在孩子心中种下一颗希望的种子,而这些种子,终将长成参天大树。

教子有方这样夸

孩子学会用一些简单的放松技巧时,家长巧回应

599. 宝贝,今天你竟然想到用冥想解决紧张问题,这主意连妈妈都没想到呢!你总是能给妈妈带来惊喜!

600. 刚才你注意到自己肩膀紧绷的时候，主动停下来调整呼吸节奏了。你现在说话的声音听起来平稳多了，这个方法很有效呢。

601. 妈妈看到你刚才从 1 数到 10，然后把拳头慢慢松开了。你给自己留出这段时间，现在就能更清楚地说出哪里让你不舒服了。

602. 妈妈看到你在考试前用听音乐的方式赶走焦虑，以后要是我紧张了，也得向你学学，用音乐来放松一下！

603. 你这是把"紧张小怪兽"直接用运动给赶走了呀！宝贝，你不仅找到了超健康的解压方式，还能让自己元气满满，希望你继续用你的跑步小妙招，把坏情绪通通都赶走！

604. 爸爸觉得你就像个情绪魔法师，用画笔把紧张和焦虑都赶跑，让心里只剩下满满的快乐！

孩子能够制订计划来缓解紧张焦虑情绪时，家长巧回应

605. 哇，你想到制订学习计划来应对考试紧张，这主意太棒了！有了计划，是不是感觉心里踏实多了？

606. 你将 30 分钟的背诵任务拆分为三次，正确率提升了很多。看来，按计划背诵比死记硬背更有效。

607. 你在辩论赛中途改用这个方法后，后半场不仅语速降下来了，论点陈述也更完整了，表现得很精彩。

608. 妈妈觉得你为体能测试制订的锻炼计划很实用，每天坚持运动不仅能使身体更健康，还能帮助你缓解焦虑，相信你会在体能测试中取得好成绩。

609. 你为上台表演制订了每天的练习计划，现在你排练时看起来更从容了，这种计划真的让你进步了很多。

610. 爸爸看过你制订的练习计划，全面又具体，接下来你只要按照

第三章
情绪管理——夸出阳光好少年

计划一步步来，相信你一定会战胜焦虑，在比赛中取得好成绩。

孩子战胜紧张焦虑情绪，保持镇定时，家长巧回应

611. 妈妈知道你一开始有点儿不想参加歌唱比赛，但最后你还是鼓起了勇气去尝试，还取得了好成绩！你看，只要勇敢面对，舞台是不是并不可怕？

612. 面对紧张情绪，你没有被它打败，反而从容地完成了演出，这很不简单。你知道吗？这种在压力下依然保持冷静、积极应对的能力，正是未来面对更大挑战时最宝贵的财富。

613. 看到你在比赛前能够保持镇定，这说明你已经把"紧张小怪兽"打败了，我很认可你的努力，继续加油，我的小勇士！

614. 爸爸注意到你在考试前有点焦虑，但你没有慌乱，而是选择了用冥想让自己放松。这种处理问题的方式非常成熟，你真的在情绪管理上进步了很多！

615. 第一次去夏令营，你虽然有点儿紧张，但很快就调整过来了，还主动和其他小朋友玩得那么开心，这太让爸爸妈妈惊喜了！你真是个勇敢的小家伙，把紧张都赶跑了。

616. 刚才上台前你紧张得小手都出汗了，但深呼吸后就变得超镇静，演奏完成得相当完美！爸爸妈妈都被你这股勇气给折服了！

第四章

品格塑造
——夸出懂事得体小标兵

第一节 遇到一点儿困难就放弃
——孩子学会坚持这样夸

场景演绎

康康在家跟着视频学习制作纸飞机模型。他高兴地把材料准备好,开始动手制作。然而,当他尝试折叠复杂的机翼部分时,纸张总是折不好。尝试几次后,纸飞机被折得歪歪扭扭。康康感到很沮丧,觉得太难了,于是把材料一推,生气地说:"这太难了,我不做了!"尽管妈妈鼓励他再试一次,但他还是放弃了,转身去玩别的玩具。

第四章
品格塑造——夸出懂事得体小标兵

场景解析

孩子面对挑战和困难时容易陷入"习得性无助"的心理困境，也就是经历多次失败后产生"我做不到"的消极心理。就像故事中的康康学折纸飞机屡次失败后放弃，正是典型的表现。与成人不同，孩子缺乏应对挫折的经验和足够的耐心，当困难出现时，他们更容易被负面情绪淹没而丧失动力。康康的放弃，就反映出他在遇到挑战时，内心迅速被"做不到"的想法占据，继而失去了再次尝试的动力。此时，如果家长不及时干预，就可能发展为长期畏难心理，导致孩子未来面对挑战时过早放弃。

要帮助孩子克服"习得性无助"，家长需要给予孩子足够的鼓励和支持，可通过三方面引导：首先，采用积极反馈强化自信，在康康完成机身折叠时，及时肯定其耐心与进步，而非仅关注最终结果。其次，将复杂任务拆解为可操作的小目标，每次完成阶段任务都给予鼓励，让孩子在累积小成就中重获信心。最后，需营造允许失败的安全环境，帮助孩子理解挫折是学习过程的必经之路。通过渐进式引导，既能保护孩子的探索热情，又能培养其面对困难的韧性，最终突破"习得性无助"的心理桎梏。

教子有方这样夸

孩子遇到困难没有逃避或放弃，而是坚持完成时，家长巧回应

617. 妈妈看到你刚才遇到困难时没有退缩，而是继续尝试，这种坚持的态度真的很让人佩服！

618. 比起第一次折叠，现在你对图解的理解快多了。

619. 你知道吗？遇到困难不放弃的人，以后会变得更强大，你今天就是这样做的！

620. 刚才反复尝试时，你连呼吸都放轻了，这种全情投入的样子真像个小专家。

621. 你刚才的表现让我看到了你的决心，困难没有打败你，而是让你变得更坚强了！

622. 妈妈很喜欢你这种不轻易放弃的样子，这才是真正的小勇士！

孩子面对复杂问题，愿意花时间思考和尝试时，家长巧回应

623. 你用手指比着折线反复测量的时候，妈妈看到你的大脑在飞速运转呢。

624. 虽然还没得出最终答案，但你在草稿纸上列出的三个解题思路，已经让这道题从"迷宫"变成"有路标的地图"了。

625. 爸爸发现你在尝试不同的方法解决问题，这种探索精神值得发扬！

626. 当其他同学放弃时，你选择用图表辅助思考，这种主动寻找突破口的方式正是数学家解决问题的常用路径。

627. 你给每个疑问都装上"放大镜"仔细检查，这种研究态度能打开所有知识宝箱的锁。

628. 你像小树扎根那样层层梳理问题，这样的思考方式会让智慧的年轮越来越密。

孩子努力了，但没有获得成功时，家长巧回应

629. 这次虽未成功，但你的努力尽在妈妈眼中，每一份付出都是成

第四章
品格塑造——夸出懂事得体小标兵

长的基石，未来的力量正由此孕育。

630. 你已经做得很好了，再坚持一下就会离成功更近一步，妈妈相信你可以的。

631. 此次未能如愿，但妈妈深知你背后付出的汗水与泪水都意义非凡，它们如同涓涓细流，正默默汇聚，终将成就你未来那势不可当的力量洪流。

632. 爸爸看到你刚才非常认真，虽然没有成功，但你在这个过程中学到了很多，下次一定会更好。

633. 你今天的努力让我看到了你的进步，成功可能需要更多时间，你已经在成功的路上了。

634. 妈妈特别喜欢你这种不怕失败的态度，每一次尝试都会让你离目标更近。

孩子非常努力地实现了自己的小目标时，家长巧回应

635. 妈妈看到你为实现目标所挥洒的汗水，继续加油，你的未来会更精彩！

636. 你通过自己的努力实现了目标，你的内心一定很有成就感吧？妈妈也为你高兴！

637. 爸爸知道你为了完成这个小目标有多拼。别停下脚步，未来还有更多高峰等你去攀登，相信你会带给我们更多惊喜。

638. 你今天的努力让这个小目标实现了，这说明你的方法很有效，未来还有无数的精彩等着你去创造。

639. 妈妈特别喜欢你现在这种为目标努力的样子，你的坚持让你离成功越来越近了！

640. 宝贝，你为了这次比赛天天练习，从早到晚都不喊累，最后还

拿了个好名次，这努力劲儿太让人骄傲了！

孩子遇到困难没有转向娱乐活动，寻求即时安慰时，家长巧回应

641. 能在"想玩"和"坚持"之间选后者，这个决定超有分量哦！
642. 刚才有两个声音在你脑子里吵架吧？一个是想玩的"小淘气"，另一个是坚持的"小勇士"，最后你选择听从小勇士的建议，这就是成长的秘密呀！
643. 你悄悄启动了什么魔法？难题都被你盯得缩回去了！
644. 你今天是不是给自己加了"专注护盾"，把"分心怪"都挡在外面啦！
645. 今天的拼图很复杂，但你没有被电视吸引选择放弃，而是冷静思考，反复尝试，你有这种韧劲儿，不管做什么都能成功。
646. 你没有因为曲子难而选择玩游戏逃避，反而坚持练习，直到弹好，这种坚持真的难能可贵。

第二节 胆小不敢尝试
——让孩子勇于挑战这样夸

场景演绎

周末,爸爸带强强去公园学骑自行车。强强刚坐上自行车,就紧紧抓住把手,一动也不敢动。爸爸鼓励他:"别怕,爸爸在后面扶着,不会让你摔倒的。"

强强试着蹬了几下,但一感觉到车子晃动,就立刻停下来,带着哭腔说:"我不学了,我会摔倒的!"爸爸有些不耐烦,说:"你怎么这么胆小?别的孩子都会骑了!"强强低着头,把自行车推到一边,说:"我不学了,回家吧。"

场景解析

强强学骑自行车时，因缺乏自信和安全感而受挫。他因害怕摔倒紧抓车把不敢动，这种恐惧源于对自身能力的不确定与对失败后果的担忧。当父亲用"别的孩子都会骑了"刺激他时，反而强化了他"我不如别人"的自我怀疑，最终导致放弃尝试。

对孩子而言，自我价值感往往建立在对自己能力的认同之上。然而，许多孩子在尝试新事物时，常因为家长的挑剔和否定而失去探索的积极性和尝试的勇气。因此，家长需在孩子初次尝试时给予耐心和鼓励，而非批评和比较。

夸赞式引导是帮助孩子建立自信的关键，积极的语言能让他们感受到支持与认可。故事中的爸爸可以在强强刚坐上自行车时，就给予他积极的肯定："你坐得很稳，这说明你已经迈出了很重要的一步！"当强强尝试蹬车时，爸爸可以夸赞他的勇气："你已经蹬了几下，这很棒！你比想象中更勇敢。"通过夸赞孩子的每一个小进步，让孩子感受到自己的能力，增强自信心。同时，爸爸还可以用更耐心的态度陪伴强强，比如扶住车座一起跑，让他感受到安全感。通过夸赞和耐心引导，孩子不仅能感受到自己的进步，还能在成功中逐步建立起自我价值感。这种积极的体验会让孩子战胜恐惧，找到新的动力源，这就是孩子突破能力边界的成长密码。

第四章
品格塑造——夸出懂事得体小标兵

👍 教子有方这样夸

孩子开始建立自信,愿意尝试时,家长巧回应

647. 我很高兴看到你愿意去尝试的勇气,相信自己,你可以做得更好。

648. 你愿意主动尝试,就已经克服了第一步的恐惧,这让我很惊喜。

649. 你愿意去尝试,这说明你已经准备好挑战自己了。这种勇气和决心,正是成长的开始。

650. 你能主动尝试,就已经迈出了很重要的一步,真的很了不起!

651. 你刚才主动和小朋友打招呼了,这是建立友谊最重要的第一步,相信你会交到更多好朋友的。

652. 爸爸注意到你今天愿意尝试新的游戏了,这种勇于探索的精神真让人开心!继续大胆尝试,你会发现更多乐趣。

孩子没有害怕失败,选择尝试时,家长巧回应

653. 刚才克服紧张情绪的过程,就像给内心充满了能量!

654. 你刚才明明可以放弃,但还是选择再试一次,爸爸相信你的坚持和努力一定会带来好结果。

655. 爸爸注意到你这次没有因为害怕失败就退缩,而是选择继续尝试,加油,你会越来越强大的。

656. 你刚才虽然失败了,但还是愿意再试一次,这种不怕挫折的态度让人特别佩服!

657. 妈妈看到你这次没有因为担心做不好就放弃,而是选择试一试,这种勇敢尝试的态度真棒!

658. 你刚才明明可以停下来，但还是选择继续挑战，这种不怕失败的精神特别值得学习！

659. 虽然有一点害怕，你还是选择了面对，妈妈为你的这种勇气点赞！

孩子面对挑战勇往直前不退缩时，家长巧回应

660. 哇，你面对这么难的拼图，一点都没有放弃，而是一直坚持把它拼完，你真的很有毅力！

661. 你看到那么高的攀爬架，虽然有点害怕，但还是勇敢地爬了上去，你真的很有勇气！

662. 虽然这次游泳比赛的对手很强，但你毫不畏惧，全力以赴地游到了终点，真的精神可嘉！

663. 你第一次参加演讲比赛，面对那么多人，你镇定自若地站在台上，表现得那么精彩，妈妈要为你的勇气和自信鼓掌。

664. 面对这么复杂的任务，你没有退缩，而是主动去尝试，这种勇气和决心真的很值得表扬！

665. 你没有被困难吓倒，而是勇往直前，用自己的努力和坚持，展现了自己非凡的潜力！

孩子尝试挑战但没有成功时，家长巧回应

666. 虽然这次没有成功，但现在进行的每一次尝试，都会变成未来打开宝藏的钥匙。

667. 你已经努力了，失败只是暂时的，只要坚持，你终将会成功的。

668. 妈妈看到你刚才非常努力，虽然没有成功，但你从失败中学到了很多，妈妈相信你下次一定会更好。

第四章
品格塑造——夸出懂事得体小标兵

669. 你刚才虽然失败了，但你已经比上次进步了很多，我相信只要继续坚持，你一定能突破自己，达到更高的目标。

670. 你这次虽然没有成功，但你一直在努力，我看到了你的坚持和不放弃，这种精神比成功本身更珍贵。

671. 你每一次的思考和尝试，都在为成功积累经验，我相信你一定能够找到解决问题的方法，加油！

孩子战胜恐惧挑战成功时，家长巧回应

672. 宝贝，你用自己的行动证明了"勇者无畏"这四个字的含义。

673. 哇，你真的做到了！我看到你克服了内心的恐惧，一步步完成了挑战。这种坚持和勇气太让人佩服了！

674. 你用自己的努力和勇气，克服了困难，也证明了自己的能力。希望你能记住这次成功的经历，它会让你更有信心面对未来。

675. 你刚才从那么高的滑梯上滑下来，妈妈知道你心里很紧张，但你做到了，你真的很勇敢！

676. 孩子，你今天的表现令人惊叹！你克服了恐惧，学会了骑车，还骑得又快又稳，你进步得真快！

677. 看来，宝贝心里那只"害怕小怪兽"今天被你勇敢地打跑啦！

第三节 不守时、不守信
——孩子遵守约定讲信用这样夸

场景演绎

小佳和小彤约好星期六上午 10 点在家附近的公园见面。到了 9 点 30 分,小佳最喜欢的动画片还没播完,她心想:"再看一会儿,应该来得及。"结果一集接一集,她完全忘记了时间。直到 11 点,小佳才突然想起和小彤的约定,急急忙忙跑出门。到了公园,小彤已经等了一个多小时,脸上写满了失望。

第四章
品格塑造——夸出懂事得体小标兵

🔍 场景解析

故事中的场景看似普通，实际却反映出孩子不守时、不守信的常见问题。而孩子容易"忘掉时间"，主要是因为他们缺乏时间观念。6～12岁孩子的时间感知能力尚未成熟，不清楚几分钟到底有多长，所以在做事时常常会高估或低估所需的时间。同时，由于此时孩子的自控力还在发展中，容易受外界干扰，便会全神贯注地沉浸其中，将时间的流逝抛诸脑后。更深层的原因是孩子普遍缺乏责任感和同理心，他们可能意识不到自己的迟到会给他人带来不便与失望，而只关注自己感兴趣的事物。

面对孩子"忘记时间"的问题，家长的引导起着关键作用。夸赞式肯定和鼓励是一种有效的引导手段。当孩子守时或提前到达时，家长应及时夸赞孩子的守时行为，让孩子切实感受到守信行为带来的积极影响，进而增强其责任感和时间观念。家长还可鼓励孩子设立小目标以养成守时习惯。例如，提前10分钟提醒孩子："动画片马上要结束了，我们再看5分钟就出发。"若孩子按时完成，家长则给予及时夸赞："你提前准备好了，这说明你很守时！"通过这种方式，孩子不仅能感受到自己的进步，还能逐步养成守时的好习惯，为未来的人际交往和个人发展奠定坚实基础。

👍 教子有方这样夸

孩子在集体活动中遵守约定时，家长巧回应

678. 你今天遵守约定，在集体活动中很守规矩，没有乱跑，让大家感到很安心。

679. 你刚才在小组活动中按时完成了自己的任务，还帮助了其他小朋友，妈妈真的很欣慰。

680. 妈妈看到你今天在活动中准时到场，还积极配合大家完成任务，这种遵守约定的态度真的很棒！

681. 今天，你在集体活动中严格遵守了约定，没有擅自行动，也没有让团队等待，真是个懂事的好孩子！

682. 看到你在活动中始终遵守时间，准时到达每一个集合点，你的守约不仅保证了活动的顺利进行，更展现了你对团队的尊重，真是个优秀的小队员！

683. 宝贝，今天你在集体活动中表现得真是太棒了！你不仅遵守了约定，还积极融入了团队，你的责任感让每个人都感到温暖和安心，真是个值得信赖的好伙伴！

孩子在规定的时间内完成约定好的事情时，家长巧回应

684. 你写完作文后主动检查，现在错别字几乎都被你消灭啦。

685. 你今天提前 5 分钟到教室，省下的时间用来调试琴弦，难怪音准这么好。

686. 妈妈看到你刚才在规定的时间内完成了作业，还检查了一遍，这种认真负责的精神太让人欣慰了！

687. 今天你在规定的时间内高效完成了任务，没有拖延也没有敷衍。你的时间观念越来越强了！

688. 你今天遵守了"先作业后游戏"的约定，这种承诺意识对未来的合作很重要哟。

689. 你比约定时间早回来 10 分钟，给路上留了充足的时间，不仅安

全,还避免了让大家等你。

孩子上学不迟到时,家长巧回应

690. 你刚才按时出门,还主动检查了作业,是不是立志成为"自律小标兵"啊!

691. 你刚才准时到校,还主动参加了早读,看来"勤奋小闹钟"已经悄悄上线啦!

692. 爸爸注意到你今天早上没有赖床,还自己整理了书包,看来你已经掌握"和时间赛跑"的秘诀了呢!

693. 妈妈看到你今天早上按时起床,还提前到了学校,你的时间观念越来越强了,妈妈真的很开心。

694. 今天你准时到校,没有让任何人等待。你的守时和尊重他人的态度,让我们看到了你的成长和进步。

695. 宝贝,你今天上学没有迟到,真是太棒了!守时让你能充分准备一天的学习,继续保持,你会越来越优秀!

孩子重视承诺并按时赴约时,家长巧回应

696. 妈妈看到你今天准时赴约,还提前准备了礼物,真是让人惊喜!

697. 你刚才按时到达了朋友家,还主动帮忙准备了活动,真是个贴心的小帮手!

698. 你刚才按时到达了约定的地点,还主动帮忙布置场地,真是个守信又能干的小助手!

699. 你刚才按时到达了约定的地点,还主动帮助了其他小朋友,真是个守时又乐于助人的小天使!

700. 我看到你今天如此重视承诺并按时赴约,这会让你在人际关系

中更加受欢迎,真是个值得表扬的好孩子!

701. 宝贝,你不仅按时赴约,还提前做好了准备,让我们看到了你的成熟和稳重,妈妈真的很欣慰!

孩子因为守时而获得他人认可时,家长巧回应

702. 你今天因为守时得到了表扬,看到你慢慢学会了如何安排时间,妈妈很开心!

703. 妈妈听说你今天因为准时到校,得到了老师的表扬,这种守时的态度真的很棒!

704. 爸爸注意到你今天因为准时赴约,朋友特别开心,你的可靠让友谊又加深啦!

705. 你刚才因为按时完成作业,老师奖励了你一朵小红花,这朵小红花是你的"努力勋章"呀!

706. 看到你因为守时而获得他人的认可,我真的很开心。你的诚信和责任心,就是你最好的名片!

707. 宝贝,你守时的表现获得了老师和同学们的认可。你的自律和尊重他人的态度,会让你在集体中越来越受欢迎的。

第四节 做事没主见
——孩子主动表达自己想法和感受这样夸

场景演绎

在一项小组合作完成的手工制作任务中，小组成员们讨论作品主题，有的孩子提议做一个"动物乐园"，有的孩子建议做一个"太空飞船"。当组长问小华有什么想法时，她紧张地摆手说："我不知道，你们决定就好，我听大家的。"即使小组长鼓励她发表意见，她也不敢说出自己的想法。

教子有方 1000 句

🔍 场景解析

在小组合作任务中，小华在选择主题时犹豫不决，既没提出想法，也不敢表达意见，即使组长鼓励，仍依赖他人决定。这是小华缺乏主见的典型表现，这样既影响个人成长，也给团队合作带来不便。

其实，小华的沉默很常见。许多孩子在群体中因为害怕被嘲笑或担心想法不够好而保持安静，他们觉得"别人的意见更重要"，而压抑内心声音。这样的孩子就如同未被发现的宝藏，等待鼓励和肯定去挖掘。

孩子的每一步成长都需要被看见和被鼓励。为帮助孩子克服没主见的问题，家长和老师应成为孩子表达的"引路人"。创造机会让他们在日常生活中多做决定，鼓励孩子多表达自己的意见，即使想法不成熟也要给予尊重和支持。当然，家长的夸赞和鼓励尤为重要。比如，当小华鼓起勇气表达自己的想法时，无论这个想法是否完美，都应真诚夸赞："小华，我很高兴你愿意分享自己的想法，这真的很重要！"这种正面反馈不仅能帮助孩子克服内心的恐惧，还能让他们沐浴在自信的光芒中，成为团队中最闪亮的存在。

👍 教子有方这样夸

孩子勇于表达自己的意见时，家长巧回应

708. 宝贝，你刚才在表达自己的看法时，声音洪亮又清晰！

709. 你今天敢主动站出来分享你的观点，而且你的见解非常独特，

第四章
品格塑造——夸出懂事得体小标兵

让人耳目一新。

710. 宝贝，你敢于在众人面前表达自己的立场。你的每一个字都透露出你的自信和智慧。

711. 宝贝，你今天在会议上大胆地说出了自己的想法，你的声音听起来既坚定又有力量，我们都被你深深吸引了。

712. 孩子，你能在大家面前表达不同意见，这种勇气令人钦佩。

713. 今天你在讨论中毫不犹豫地发表了自己的看法，你的声音让我们感受到了你的成长和力量，继续保持这份勇气哦！

孩子在小组活动中，敢于做决定或表现出领导力时，家长巧回应

714. 你在小组活动中表现得特别有主见，提出的计划也很合理，真是一个有领导力的孩子！

715. 孩子，在小组活动中，你做出的决定既明智又果断，并带领团队顺利完成了任务，展现出了你非凡的领导力。

716. 你今天作为小组长，有条不紊地安排每个人的工作，真让我们眼前一亮，让我们看到了未来领袖的风采。

717. 宝贝，你在团队中敢于承担责任，做出的决定总是那么合理且有效。你的领导才能和团队合作精神，让我们看到了你的无限潜力。

718. 今天在小组活动中，你不仅自己表现得很出色，还带动了整个团队的积极性。你的智慧和勇气是我们学习的榜样！

719. 孩子，你在团队中的每一次决策都那么精准有力，你总能找到最合适的解决方案，你就是团队里的"最强大脑"！

720. 看到你作为小组的核心，带领大家共同前进，你的领导力和团队精神让我们看到了你的成长和进步，你是我们的骄傲！

孩子没有依赖家长，自己做出判断时，家长巧回应

721. 你能够自己做出判断，而且很有条理，妈妈很开心，你正在成长为一个有主见的孩子！

722. 爸爸看到你今天自己做了决定，而且很果断，这说明你越来越自信了！继续加油！

723. 孩子，你今天的表现真是太出色了！你不仅自己做出了决定，还考虑得非常周到。你越来越独立，也越来越有智慧。

724. 看到你能够独立思考并做出判断，我们真是感到无比高兴。独立和自主是我们一直期望你能够拥有的品质，你做到了！

725. 宝贝，你今天没有依赖任何人，自己独立解决了问题，这真是太了不起了！你的独立性和解决问题的能力让我们看到了你的无限可能。

726. 看到你能够自己做出判断并付诸行动，我们真是感到无比欣慰。你的独立性和执行力是我们一直期望的，你做得非常出色！

孩子深入思考后提出见解，不随波逐流时，家长巧回应

727. 孩子，你今天对问题的思考非常深入，给出的意见也很有见地，没有盲目跟从他人。你的独立思考能力和独到见解让我们感到非常惊喜。

728. 我看到你能够独立思考并给出独特的意见，不被别人的观点所左右，展现出了自己的独特思考，这太棒了！

729. 你今天对问题的分析非常透彻，给出的解决方案也很实用。你的独立思考能力和创新精神让我们看到了你的智慧和潜力。

730. 你今天在讨论时没有随大溜，而是经过思考后提出了自己的看法，你独立思考的能力越来越强了！

第四章
品格塑造——夸出懂事得体小标兵

731. 你没有被别人的意见影响,而是自己认真思考后给出了答案,这种独立思考的能力非常值得肯定。

732. 你今天在讨论时表现得特别有主见,而且你的观点很有深度,这说明你是个善于思考的孩子!

孩子面对选择有自己的答案时,家长巧回应

733. 你能够仔细分析每项活动的优缺点,最终选择了最适合自己的绘画班,你的分析能力让我特别骄傲!

734. 妈妈看到你在决定是否参加比赛时,能够考虑自己的时间和能力,然后再做出选择,这说明你越来越有主见了!

735. 你今天在决定买哪本书时,能够比较内容、价格和自己的兴趣,最后选了一本既有趣又有意义的书,你的判断力越来越强了!

736. 爸爸注意到你在选择周末活动时,能够考虑天气、时间和家人的建议,这说明你是个会全面思考的孩子!

737. 你今天在决定是否和朋友一起玩游戏时,能够先考虑作业是否能完成,你的自律和判断力让我特别欣慰!

738. 你在选择生日礼物时,能够比较不同礼物的实用性和自己的喜好,最后选了一个既有趣又实用的礼物,这真的很棒!你的分析能力越来越强了!

739. 宝贝,你今天在面对选择时展现出了非凡的智慧和决策能力,你的答案既合情合理又贴近实际。

第五节 自私不懂感恩
——孩子体贴父母这样夸

场景演绎

妈妈感冒了,难受得躺在床上,没去上班。凯凯放学回家时,发现妈妈依然咳嗽不止,苍白的脸上泛着病态的红晕。妈妈撑着身子轻声说:"宝贝,妈妈喉咙疼得厉害,能帮我倒杯温水吗?"凯凯却完全没理会,径直跑向客厅,一头扎进自己的积木世界里,专注地拼搭着。妈妈望着儿子专注拼搭的模样,心里既难受又有些失落。

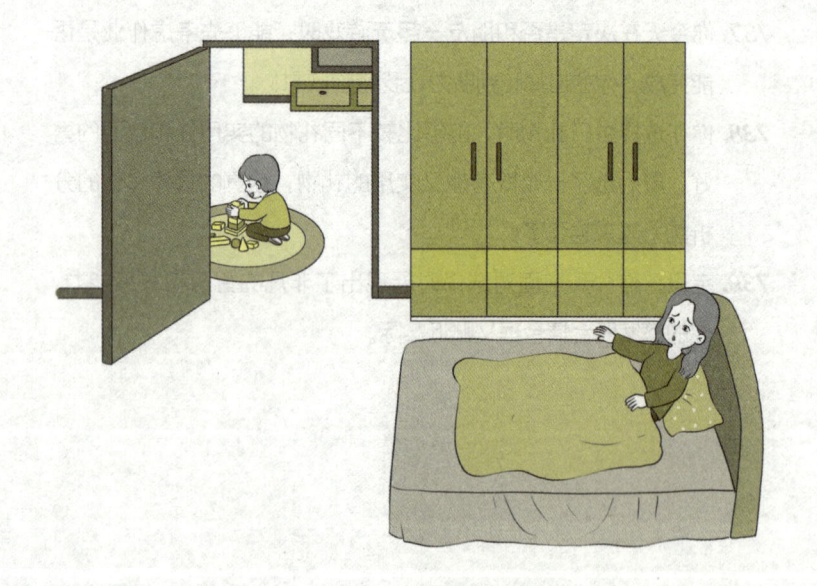

第四章
品格塑造——夸出懂事得体小标兵

📍 场景解析

生活中总有一些瞬间，让我们在不经意间窥见孩子成长的"小缺口"。就像凯凯放学回家，面对生病妈妈的求助，却一头扎进自己的积木世界。这种看似"自私"的表现，或许是因为孩子的同理心与责任感尚未完全形成。但我们也需要反思，是否在日常生活中缺少了对孩子的引导与示范。

当孩子忽视父母的需求时，家长可以平静地解释："妈妈身体不舒服，需要你的帮助，倒杯水是一种表达关心的简单而温暖的方式。"通过这样的引导，孩子能逐渐学会关注父母的感受，并用实际行动表达自己的关心。同时，家长还可以引导孩子换位思考，帮助他们理解父母的辛劳和付出。例如，可以问孩子："如果当你生病时，没有人关心你，你会有什么感受？"通过这样的引导，孩子可以逐渐学会体谅他人。

当孩子偶尔展现出关心父母的行为时，哪怕只是一句简单的问候，家长都应给予肯定及表扬，告诉他："你真是个贴心的小宝贝，妈妈心里好温暖。"通过这种正向的引导，相信孩子会逐渐意识到，爱与感恩不仅仅是言语，更是行动中的温暖传递。当孩子感受到关心他人带来的快乐时，他就会更愿意主动去付出，成为家庭中那个懂得爱与被爱的天使。

👍 教子有方这样夸

孩子和父母分享自己心爱的东西时，家长巧回应

740. 宝贝，你今天愿意把最喜欢的玩具和我一起分享，这让我感到特别温暖。你真是个善良又大方的孩子！

741. 哇，你今天主动把心爱的零食分给我，这说明你长大了，懂得关心别人了。你的分享让我觉得特别幸福，谢谢你！

742. 宝贝，你注意到妈妈喜欢那块巧克力，就主动分享，真是太贴心了！你真是个懂得关心别人的孩子，妈妈好爱你！

743. 你今天把最喜欢的零食分给了全家人，大家都特别开心！你懂得分享了，这真是很大的成长！

744. 孩子，谢谢你愿意和我分享你的小秘密，这让我知道我在你心中的位置多么重要。你的信任和爱，是我最大的幸福。

745. 宝贝，你分享自己的快乐给我们，让家里的气氛都变得更加欢乐了。你的笑容和慷慨，是我们最宝贵的财富。

孩子主动帮助父母干活儿时，家长巧回应

746. 宝贝，你今天主动帮忙洗碗，这不仅减轻了妈妈的负担，还让家里变得更干净，妈妈好开心！

747. 你主动整理房间，还把玩具归位，咱家瞬间变得整洁有序了。

748. 看到你主动帮我准备晚餐，虽然动作还有些生疏，但那份心意让我无比感动。

749. 孩子，你能在我忙碌时主动帮我照看弟弟妹妹，真是个有责任心的好哥哥。

750. 宝贝，你今天主动帮忙做家务，让我看到了你的成长，你真是个懂事的孩子！

751. 你帮妈妈拎了这么多东西，真是又贴心又能干。

孩子意识到父母的辛苦，开始体贴照顾父母时，家长巧回应

752. 你今天看到妈妈忙，主动帮妈妈照顾弟弟，妈妈特别感动！你

第四章
品格塑造——夸出懂事得体小标兵

真是个懂事的好孩子！

753. 你今天主动问妈妈需不需要帮忙，越来越懂得体贴家人了，妈妈觉得特别欣慰！

754. 看到你主动帮我倒水、拿药，我的心里暖暖的，仿佛病都好了一半，你真是个贴心的小棉袄。

755. 你轻轻为我按摩肩膀的那一刻，我仿佛所有的疲惫都烟消云散了。你的小手像有魔法一样，让我感受到了满满的爱和温暖！

756. 孩子，你能在我忙碌一天后主动帮我分担家务，我特别欣慰！你的懂事让我觉得，你是家里最温暖的小太阳！

757. 宝贝，你的关心和笑容像一剂良药，让我瞬间忘记了身体的难受。

孩子主动表达感激和爱时，家长巧回应

758. 宝贝，你今天主动对妈妈说"我爱你"，妈妈的心瞬间像棉花糖一样柔软，感觉连空气都变得甜甜的！

759. 你今天主动给爷爷奶奶写了一封感谢信，这封信肯定比任何礼物都珍贵，爷爷奶奶一定会非常开心！

760. 你今天主动给妈妈一个拥抱，你就像个小太阳，让妈妈感受到了世界上最温暖的力量！

761. 你今天主动写了张卡片感谢妈妈，这张卡片比任何礼物都让我感动，它就像一颗闪闪的小星星，点亮了我平凡的一天！

762. 你主动对爸爸说"辛苦了"，这句话就像一阵温柔的春风，吹进了爸爸的心窝，所有的疲惫都烟消云散啦！

763. 看到你主动为我准备惊喜，我差点以为自己是电影里的主角，你让平凡的日子变得像童话一样美好！

第六节 和老人顶嘴
——孩子孝敬尊重长辈这样夸

场景演绎

晚饭时,奶奶夹了一块胡萝卜,说:"多吃点胡萝卜,对眼睛好。"小明把胡萝卜推到一边,说:"我不喜欢吃胡萝卜,你别管我!"奶奶耐心地说:"挑食对身体不好。"小明不耐烦地顶嘴:"你懂什么?我们老师说了,不喜欢吃的东西可以不吃!"奶奶叹了口气,没再说话。

第四章
品格塑造——夸出懂事得体小标兵

场景解析

长辈与孩子间的温情互动本是亲情的纽带,但像小明对奶奶不耐烦顶撞的场景,却让这条纽带出现裂痕。这种行为背后实则暴露了孩子缺乏对长辈的尊重和理解。

孩子在成长过程中,往往以自我为中心,容易忽略他人的感受,尤其是长辈的善意。而奶奶的耐心和无奈,也让我们看到长辈在面对孩子的倔强时的无力感。智慧的家长面对这种情况时,不应直接批评小明的无礼,而应该扮演"尊重引导员"。当小明偶尔用平和的语气表达不喜欢时,家长可以立即夸赞:"你能说出自己的想法,这很棒!如果能加上'奶奶,我试试别的蔬菜',就更好了!"如果他某天主动帮奶奶夹菜,不妨惊叹:"你给奶奶夹菜的样子,简直像个'小暖男'!"这种及时的夸赞,不仅能让孩子感受到自己的行为被看见,还能让他明白,尊重和感恩不是空洞的道理,而是藏在日常点滴中的温暖举动。

孩子会逐渐理解,尊重长辈不是一种任务,而是发自内心的爱与关怀;感恩也不只是嘴上说说,而是用行动传递温暖。当孩子在这些小事中不断收获正向反馈,他就会更愿意主动去表达爱,成为家庭中那个温暖的小太阳。

教子有方这样夸

孩子与长辈说话谦逊有礼时,家长巧回应

764. 宝贝,你今天和爷爷奶奶说话的语气特别温柔,像个小绅士!

765. 哇，你刚才对爷爷说话时用了"请"和"谢谢"，真是太有礼貌了！让人忍不住想给你一个大大的赞！

766. 妈妈注意到你和奶奶说话时特别有耐心，语气也很温和，真是越来越懂得尊重长辈了！你真是个暖心的小宝贝！

767. 你今天和爷爷说话时特别有礼貌，爷爷奶奶脸上都笑开了花！你让家里充满了温暖和爱，真棒！

768. 刚才你和奶奶说话时特别谦逊，妈妈觉得你真是长大了！

769. 我注意到你在和老人交谈时会用礼貌用语，表现得很得体，真是让人心里暖暖的！

孩子主动问候和照顾长辈时，家长巧回应

770. 宝贝，你今天主动问奶奶"累不累"，还帮她拿拖鞋，真是太贴心了！

771. 你今天主动问奶奶"今天开心吗"，还陪她聊天，真是太懂事了！

772. 你主动问奶奶"冷不冷"，还给她拿毯子，真是太暖心了！

773. 妈妈看到你主动关心爷爷的身体，还提醒他多休息，你真是个懂得感恩的好孩子！

774. 宝贝，你主动帮爷爷拿东西，还那么贴心地问候他，真是个孝顺的好孩子，爷爷肯定乐开了花。

775. 你发现爷爷早中晚的药片颜色不同，就帮爷爷分开装在三个盒子里，这个做法太暖心了！

当孩子理解老人对自己的关心时，家长巧回应

776. 宝贝，你能理解奶奶每次叮嘱背后的爱意，真是聪明又懂事。

第四章
品格塑造——夸出懂事得体小标兵

777. 你微笑着接受爷爷的关心,还感谢他的付出,你真是个小天使,爷爷都笑得合不拢嘴啦!

778. 宝贝,你能感受到外婆对你的关心,并用行动回应,外婆心里一定甜得像吃了蜜一样!

779. 你能理解爷爷奶奶的每一句话都是出于爱,真是难能可贵,你真是个温暖的小天使。

780. 宝贝,你今天说"知道爷爷奶奶是为我好",妈妈觉得你真是长大了!懂得理解别人的心意,这是非常珍贵的品质!

781. 妈妈听到你说"爷爷批评我是为我好",真是太欣慰了!你能理解长辈的用心,真是越来越懂事了!

孩子与长辈说话能够正确表达自己的意见时,家长巧回应

782. 妈妈看到你即使表达不同意见,也依然保持礼貌和尊重,真是个有教养的孩子。

783. 宝贝,你今天和爷爷讨论问题时,既表达了自己的想法,又没有顶嘴,真是智慧与礼貌并存的小智者。

784. 妈妈听到你和爷爷讨论时,既坚持了自己的观点,又尊重了爷爷的意见,做到有礼有节,真的很棒!

785. 宝贝,你在和长辈交谈时,既表达了自己的观点,又照顾到了对方的感受,你真是个情商和智商并重的好孩子。

786. 你的表达能力真强,和长辈说话总能说到点子上,还能让他们感到被尊重和理解,真是个了不起的小大人。

孩子因为尊重长辈而获得认可时,家长巧回应

787. 宝贝,爷爷奶奶刚才夸你特别懂事,你今天的表现特别棒,爷爷奶奶都笑得合不拢嘴了!

788. 宝贝,爷爷奶奶夸你特别会照顾人,没想到你现在变得这么懂事了!

789. 妈妈听到爷爷奶奶夸你"真是个有礼貌的好孩子",连爷爷奶奶都忍不住给你竖大拇指!

790. 妈妈听到爷爷奶奶夸你"真是个懂得感恩的好孩子",你像个小太阳一样温暖了每个人的心!

791. 你的尊重不仅让老人感到温暖,也让周围的人对你刮目相看,你真是个有魅力的孩子。

792. 看到你因为尊重爷爷奶奶而受到大家的赞赏,妈妈心里真是由衷地为你高兴。

孩子等长辈说完后再表达自己的观点时,家长巧回应

793. 宝贝,妈妈注意到你刚才等爷爷说完话才表达自己的想法,你真是个会倾听的好孩子!

794. 你刚才没有打断奶奶说话,还认真听她说完,妈妈觉得你真是个懂得尊重长辈的好孩子!

795. 刚才奶奶在讲她年轻时候的事,你没有急着说话,等她讲完后才分享自己的感受,真的很有礼貌!

796. 刚才在客厅里,你耐心地等奶奶讲完那个老故事,然后才提出你的小疑问,这样的耐心和尊重,真是让人印象深刻!

797. 昨天下午,你跟外婆在花园里聊天,即使你很想玩新买的玩具,也坚持等外婆讲完她的故事,这份耐心和礼貌让妈妈非常感动。

798. 每次跟姥姥视频通话,你都能耐心地听她说完每一句话,再跟她分享你的新发现,你的这份细心和尊重,让姥姥总是笑得那

第四章
品格塑造——夸出懂事得体小标兵

么开心。

长辈问孩子问题，孩子能够礼貌回答时，家长巧回应

799. 宝贝，你能礼貌地回答爷爷的问题，还面带微笑，真是个懂得尊重长辈的好孩子。

800. 你的回答不仅准确，还充满了对老人的尊重和关心，真是个有孝心的小宝贝。

801. 宝贝，你在回答外婆问题时礼貌又谦逊的小模样，真是让人越看越喜欢！

802. 宝贝，你刚才回答奶奶问题时特别认真又有礼貌，妈妈觉得你真是越来越懂事了！

803. 宝贝，爷爷问你周末想去哪里玩，你不仅回答得很清楚，还主动问爷爷的意见，让爷爷都忍不住夸你！

804. 宝贝，刚才奶奶问你最近学了什么新知识，你不仅回答得有条有理，还主动分享给她，这太有爱啦！

第七节 推卸责任

——孩子主动认错有责任心这样夸

场景演绎

轩轩和伙伴在院子里踢足球，玩得兴起时，轩轩一脚劲射，不料球偏离了方向，砸碎了邻居家的窗户。邻居闻声出来查看，轩轩慌忙找借口："今天的风太大了，球都不受我控制了。"接着，他又指向不远处玩耍的几个孩子："而且，是刚刚他们推了我一下，我才没控制好方向的。"

第四章
品格塑造——夸出懂事得体小标兵

场景解析

许多孩子在面对错误时，往往会本能地推卸责任，试图将过错归咎于他人或外部环境。以轩轩踢足球砸碎邻居窗户玻璃的事为例，他在事情发生后，不仅没有主动认错，反而将责任归咎于"风太大"和"其他孩子的推搡"。孩子试图通过推卸责任减轻内心的负罪感，避免可能的惩罚或批评，但这种做法实则不利于其责任感和担当精神的培养。

孩子之所以会推卸责任，背后往往有着复杂的心理动因。一方面，面对错误，孩子担心承认错误会带来负面评价，于是选择逃避；另一方面，如果家长平时对孩子的要求过于严苛，缺乏容错空间，孩子可能会形成"犯错即错"的错误观念，进而倾向于掩饰错误。

面对孩子推卸责任的行为，家长的引导至关重要。营造一个宽容的家庭氛围是关键一步，让孩子明白犯错是正常的成长过程，重要的是从中学习并改正。同时，通过故事、榜样等方式向孩子传递责任感的重要性，让他们理解每个人都要为自己的行为负责，这也能有效帮助孩子建立正确的价值观。适时给予正面反馈同样重要，当孩子表现出承担责任的行为时，及时表扬，强化其正面行为模式。通过这些方法，家长可以帮助孩子逐步克服推卸责任的习惯，培养出积极承担责任的品格。

👍 教子有方这样夸

孩子主动认错时,家长巧回应

805. 宝贝,你主动承认自己没听清楚要求,而不是说别人没讲清楚,你学会了从自己身上找原因,这种态度很成熟。

806. 你主动承认自己不小心弄丢了东西,没有怪别人,你学会了对自己的行为负责,这种勇气真的很让人欣慰。

807. 宝贝,你主动承认刚才是自己不小心打翻了杯子,没有怪罪别人,你学会了勇敢面对自己的失误。

808. 你主动说"是我弄坏了玩具",没有推给弟弟妹妹,你学会了承担责任,这种担当真的很棒。

809. 宝贝,你主动承认自己没有完成作业,而不是找借口,你学会了诚实,这种品质会让你走得更远。

810. 看到你勇敢地承认错误,我就知道你一定能成为一个有担当的人。你的这份真诚和坦率,会让你在人生路上少走很多弯路。

孩子不找借口推卸责任时,家长巧回应

811. 你没有推卸责任,没有让别人因为你的错误而受委屈,这种善良和担当很可贵。

812. 你没有因为害怕惩罚而找借口,这种勇敢和正直的品格会让你在成长的道路上走得更稳。

813. 孩子,你没有怪妈妈没提醒,而是承认自己忘记了,你学会了反思自己的行为,这种自省能力很难得。

814. 宝贝,你没有把责任推给别人,而是自己承担。你知道吗?这样的你让人特别有安全感!

第四章
品格塑造——夸出懂事得体小标兵

815. 你没有找借口，知道要对自己的行为负责，这说明你心里有很强的责任感，爸爸相信未来你无论做什么都会更出色。

816. 你面对问题不逃避、不推脱，你的这份责任感，会让你在未来的生活中赢得更多人的信任和尊重。

孩子认识到不好的行为后果时，家长巧回应

817. 你能够认识到自己的错误，并思考如何改正，说明你真的很有上进心！

818. 你意识到忘记关水龙头会浪费水，这说明你开始关注生活中的小事，懂得珍惜资源。你的责任心值得我们学习。

819. 你明白乱扔垃圾会破坏环境，知道保护环境的重要性，真的很有社会责任感。

820. 你能这么快就认识到自己行为的不良后果，这种自我反省的能力，会让你在未来的生活中少犯很多错误。

821. 宝贝，你能认识到自己的行为对别人造成的影响，这种同理心，会让你在人际交往中更加受欢迎。

822. 宝贝，你意识到东西不整理好，找起来就会很麻烦。意识到这点，你的生活会变得更加有序，也让妈妈省心不少。

823. 你认识到自己大声吵闹会影响别人，这说明你开始懂得换位思考，能够体谅他人的感受，真让人欣慰！

孩子做错事后主动提出解决方案进行弥补时，家长巧回应

824. 看到你能够主动承担责任并提出解决方案，妈妈觉得你真是个小大人。

825. 你虽然弄乱了房间，但事后主动整理，你学会了用行动弥补过

失，这让我看到了你的成长。
826. 你今天主动提出要修补弄坏的书，这让我很惊喜，你不仅意识到了自己的错误，还积极想办法解决，你越来越有责任感了！
827. 宝贝，你刚才主动道歉，并提出要弥补自己的错误，你学会了用正确的方式去面对问题，这种成熟的处事方式让我很骄傲。
828. 宝贝，你刚刚不小心打翻了水杯，但立刻就想到用毛巾擦干并帮我一起收拾，这种主动解决问题的态度，让我很惊喜。
829. 你没有因为过失而放弃或逃避，而是积极寻求补救之道，我相信任何问题都难不倒你！

孩子犯错后懂得换位思考时，家长巧回应

830. 宝贝，你能体会到乱发脾气会让别人难过，这说明你的心里开始装着别人，这种同理心真的很珍贵！
831. 宝贝，你刚才立刻意识到自己大声吵闹会影响别人休息，你不仅反应快，还懂得及时调整自己的行为！
832. 你知道乱扔垃圾会给清洁工添麻烦，这说明你懂得尊重别人的劳动，这种体贴和责任感太难得了！
833. 你能理解乱动别人的东西会让别人不高兴，你学会了尊重他人的隐私和感受，这种成熟让我很欣慰！
834. 你能站在别人的角度思考问题，这说明你的心里有了一把"同理心"的尺子，这种能力会让你的人际关系更加和谐！
835. 刚才你注意到同学停下脚步，就主动说"是不是书包太重了？我和你一起拎吧"，这个提议让他眼睛亮起来了。
836. 你不仅学会了理解他人，还懂得用温暖的方式去回应，这种善良真的很打动人！

第八节 不争不抢
——建立竞争意识、有拼劲儿这样夸

场景演绎

班级要竞选文艺委员,妈妈鼓励丽丽:"这是锻炼的好机会,你可以试试!"丽丽却一脸淡然:"无所谓啦,谁当都一样。"竞选前,妈妈提醒她准备发言稿,丽丽压根不当一回事。由于没有提前准备,竞选时丽丽说话磕磕巴巴的,最终没选上,妈妈有些惋惜,丽丽却无所谓。

场景解析

孩子面对机会时表现出"无所谓"的态度,看似缺乏进取心,实则源于对自身能力的不确定,或是害怕失败带来的心理防御。当妈妈说"可以试试"时,这种宽泛的鼓励难以激发孩子的内在动力,就像让没有指南针的船出海,容易迷失方向。此时更需要运用具体化的夸赞引导。例如,当丽丽在音乐课展示歌喉后,妈妈可以说:"刚才你唱歌时眼睛亮晶晶的样子特别美,很多同学都在为你鼓掌呢。"这样将孩子的优势与具体场景结合,能帮助她建立清晰的自我认知。

家长要像考古学家挖掘宝藏那样,捕捉孩子日常表现中的闪光点。当孩子积累足够多被看见的积极体验,面对挑战时这些体验就能转化为行动力。这时家长可以说:"上次联欢会你设计的游戏大家玩得多开心,这次要不要把好点子分享给全班?"这种基于事实的引导,既指明方向又保护自尊。即便竞选失利,也要肯定进步:"虽然紧张,但你站上讲台的样子特别勇敢,声音也比上次朗诵时更坚定了。"当家长用真诚的观察替代空洞的鼓励,用具体的赞赏替代笼统的夸奖,孩子就会慢慢从"无所谓"变成"我想试试"。这种转变的钥匙,藏在那些被细心发现的闪光瞬间里。

教子有方这样夸

孩子积极参与竞争时,家长巧回应

837. 你决定参与这次竞争,勇敢地迈出了第一步,勇气可嘉!

第四章
品格塑造——夸出懂事得体小标兵

838. 你今天积极参与班级的小组竞赛，没有退缩，这种勇敢和自信让我很欣慰。

839. 你今天主动报名参加了学校的数学竞赛，真是太勇敢了！记得上次你还说害怕这种活动，现在却能勇敢地站出来挑战自己，这种进步让我非常骄傲！

840. 宝贝，你在足球比赛中跑动得那么积极，每一个球都全力以赴，我看到了你对胜利的渴望，还有那份不畏艰难的决心。

841. 在学校的才艺展示中，你主动报名表演小提琴，我知道这对你来说是个不小的挑战，但你依然选择面对，这份勇气和决心真是出乎我的意料。期待你的精彩演出！

842. 今天你在体育课上主动要求参加接力赛，还主动练习交接棒，你的这种积极态度肯定让队友们感到很安心。继续加油！

孩子在竞争中取得胜利时，家长巧回应

843. 你在接力赛中表现出色，帮助团队赢得了冠军，真是个优秀的队员！

844. 宝贝，今天的成绩是你努力和坚持的回报。奖牌虽然亮眼，但在妈妈眼里最亮的是你捡球时抿着嘴的认真劲儿。

845. 宝贝，你今天的胜利让妈妈特别感动！你用自己的行动证明了努力一定会有收获！

846. 你在足球比赛中进了关键一球，帮助球队赢得了比赛，真是个小英雄！你的冷静和果断，让我们看到了你非凡的足球天赋。

847. 宝贝，你在班级演讲比赛中获得了优胜奖，真是太棒了！你的演讲内容充实、表达流畅，赢得了评委和同学们的认可。这份荣誉，是对你努力和才华的最好肯定。

848. 你的创新思维和动手能力，让你在科学实验选拔中脱颖而出。这次胜利是对你能力的认可，未来你一定会更好。

孩子在竞争中失败时，家长巧回应

849. 宝贝，失败并不可怕，重要的是我们如何面对它，你已经做得非常好了。

850. 宝贝，虽然今天没有赢得比赛，但妈妈觉得你依然很棒！你敢于参与，已经是个小勇士了！

851. 妈妈看到你在比赛中尽力了，失败只是暂时的，你的努力和勇气才是最珍贵的。

852. 宝贝，虽然这次数学竞赛你没有获得名次，但你面对难题时的冷静和坚持，让我看到了你坚韧不拔的一面，下次一定会更好。

853. 在足球比赛中，虽然你们队没有赢得比赛，但你拼尽全力、永不放弃的精神，让所有人都为你鼓掌。

854. 虽然你在班级演讲比赛中没有获得第一名，但你的演讲内容非常精彩！你的自信和勇气，已经赢得了大家的尊重和喜爱。

孩子自信心提升，没有主动退出竞争时，家长巧回应

855. 宝贝，妈妈看到你今天坚持到底，没有放弃，心里特别开心！你的坚韧和勇气让我非常感动！

856. 你没有选择退出，而是坚持参与竞争，你的自信心提升了很多，这种勇气和决心让我很感动！

857. 宝贝，我看到你最近参加各种活动的积极性提高了很多，你的自信心明显增强了，不再害怕挑战和失败，真是太好了！

858. 宝贝，你在班级演讲比赛中表现得越来越自信了，不再害怕上

第四章
品格塑造——夸出懂事得体小标兵

台和面对观众，能够自信地表达自己的观点和想法了。

859. 你在学校的才艺展示中，能够自信地展现自己的才华和魅力了。这种自信心的提升，让你在舞台上更加闪耀和夺目了。

860. 宝贝，你在团队活动中表现得越来越自信和主动了，你不再害怕承担责任和挑战自己，而是能够勇敢地面对每一个困难和挑战。

第九节 习惯性拖延
——培养孩子的执行力这样夸

场景演绎

早上起床后,妈妈告诉华华:"今天要去奶奶家,你快点把书包整理好,我们一会儿就出发。"华华答应了,但动作却很慢。他先是坐在沙发上发呆,然后又去玩了一会儿玩具,妈妈催促了几次,他才慢悠悠地整理书包。妈妈问:"怎么还没整理好?"华华却笑着说:"不着急,奶奶家又不会跑。"

第四章
品格塑造——夸出懂事得体小标兵

🔍 场景解析

华华的拖延并非简单的偷懒，更像是"任务处理器"尚未组装完成。当他答应整理书包时，可能只有"答应"这个动作，却缺乏分解任务的能力，比如先装作业本还是水壶，留多少空间放外套。这种计划性缺失的状况让他就像没有地图的旅人，走着走着就被路边的蒲公英吸引。而那句"奶奶家又不会跑"，恰恰暴露了他对时间概念的模糊认知——不理解提前准备能换来更从容的玩耍时光，结果"不着急"反而耽误了时间。

智慧的家长此时要做"闪光灯捕手"。在华华把练习册放进书包的瞬间，就要立即按下夸赞的"快门"："你特意把数学练习册放在外侧口袋，这样到了奶奶家就能快速找到，这个细节真周到！"这种具体到细节的表扬，比十遍催促更有穿透力。

家长还可以和孩子一起制订简单的计划，让他们清楚知道每个步骤的时间节点。当孩子按时完成时，及时给予真诚的夸赞："你按照计划完成了任务，进步太大了，要继续保持哦！"通过这种方式，孩子不仅能学会合理安排时间，还能逐步养成有计划做事的好习惯。

👍 教子有方这样夸

孩子因害怕结果不完美而迟迟不行动时，家长巧回应

861. 你看，你已经开始构思了，这本身就是一种进步。不必急于求成，稳步前行就会慢慢接近成功。

862. 宝贝，看到你因为担心做不好而犹豫，妈妈真的很理解你的心情。但你知道吗？每一次尝试，不管结果如何，都是成长的一步。你能勇敢地迈出这一步，就已经比很多人棒了！

863. 宝贝，完美不是一开始就有的，它是通过不断的尝试和修正得来的。你现在敢于开始，就是在为那份完美打下基础。你的这份勇气，让爸爸感到非常骄傲！

864. 记得妈妈小时候画画，也总是担心画得不够好，但后来我发现，正是那些不完美的作品，让我学会了更多技巧。你现在就像那时的我，勇敢地开始吧，我们都在成长的路上。

865. 每个人的作品都是独一无二的，就像你一样。即使结果不"完美"，它也是你的，有着无可替代的价值。你的创意和努力，比任何外在的标准都重要。

866. 宝贝，接受自己的不完美，是成长中很重要的一课。你现在敢于面对自己的担忧，并尝试克服它，这份自我接纳的勇气，比任何成就都值得庆祝。

孩子能够预估任务时间，增强时间感时，家长巧回应

867. 你能够准确预估时间并按时完成任务，这是对自己和他人负责的表现。

868. 宝贝，你今天计划用30分钟完成作业，结果真的做到了！妈妈觉得你真是个时间管理小能手！

869. 宝贝，你预估了整理房间的时间，并且真的在规定时间内完成了，懂得规划时间的孩子，一定会越来越棒！

870. 哇，你真的长大了，能这么准确地预估完成任务需要的时间。这样的时间管理能力，将来会让你在学习和生活中都更加游刃有余。

第四章
品格塑造——夸出懂事得体小标兵

871. 看到你合理安排时间，快速高效地完成任务，可见你已经拥有了优秀的时间管理能力，这会让你有更多时间去探索自己感兴趣的事情。

872. 你每次都能比上次更准确地估计时间，这种持续进步的趋势真是太棒了！保持下去，你会变得越来越优秀。

873. 记得之前我们经常因为时间不够而匆忙吗？现在你学会了管理时间，让自己的生活变得更加有序和轻松了。

874. 你规划时间的方法特别棒，现在都成了小伙伴们的学习榜样啦！不要骄傲，要继续带着更多人一起向高效出发哟！

孩子行动力变强时，家长巧回应

875. 你今天整理书包的速度特别快，妈妈觉得你真是越来越有效率了！

876. 你今天一听到妈妈说要整理房间，就立刻开始，你的行动力让全家都觉得特别棒！

877. 宝贝，妈妈看到你今天主动开始写作业，完全没有拖延，看到你的这种进步我很开心。

878. 写完作业还能够看半小时故事书，时间管理小能手就是你啊！

879. 行动力是梦想与现实之间的桥梁，你现在能够快速将想法转化为行动了。因为你的迅速行动，我们已经完成了好多之前觉得不可能的任务。这份成就感，也让你更加自信和勇敢了。

880. 宝贝，你居然自己规划了周末的活动，还安排得这么合理，这太厉害了！你不仅行动力强，还学会了时间管理，妈妈爸爸为你点赞！

孩子完成了被分派的任务时，家长巧回应

881. 看到你按时完成了任务，我心里特别踏实！你不仅守时，还把事情做得这么好，这种靠谱的样子让我很放心。

882. 看到你把任务安排得井井有条，就知道你很用心！这种规划能力太棒了，以后遇到什么事都不用担心啦。

883. 妈妈看到你的书包已经被整理得整整齐齐，心里特别开心！你的认真和高效让妈妈觉得你真是越来越能干了！

884. 你提前把明天的活动计划都安排好了，还列出了清单，一点都没有拖延，这可太厉害了！

885. 你今天主动去图书馆借了几本新书，还提前规划好了阅读时间，确保自己能够按时完成阅读计划，这真让我刮目相看！

886. 你已经把任务完成得很好了，细节处理得都很到位！你这种用心和认真的态度太让人骄傲了。

887. 看到你将任务按时推进，主动把事情一件件落实，我为你的成长而感到欣慰。

第五章

人际交往
——夸出社交小达人

第一节 不合群
——孩子主动交朋友这样夸

场景演绎

周末,爸爸妈妈带嘉嘉去参加亲戚聚会,其他孩子都在院子里嬉戏打闹,唯独嘉嘉坐在一旁默默地看着,眼神中流露出羡慕与渴望。当妈妈温柔地走过来,鼓励他去和其他孩子一起玩游戏时,他害羞地低下了头,声音细若蚊蚋:"我不太擅长和别人一起玩,怕他们会不喜欢我。"

第五章
人际交往——夸出社交小达人

🔍 场景解析

当嘉嘉在热闹的聚会中独自静坐时,他眼中闪烁着渴望与退缩。他的不合群并非源于孤僻,而是因为内心交织着细腻的情感与过度的自我审视。当他说"怕他们会不喜欢我"时,透露出两个关键信息:一是对自我社交能力的否定,将"不擅长"等同于"不被接纳";二是过度关注他人评价,把想象中的否定当作事实。这种心理往往源自孩子尚未建立稳固的自我认知,就像站在哈哈镜前,总觉得自己在他人眼中的形象是扭曲的。

面对这类孩子,家长首先要理解他们不是缺乏社交意愿,而是被自我怀疑的藤蔓缠住了脚步。这类孩子需要的是"显微镜式鼓励"。与其催促他加入游戏,不如帮他发现自己的社交优势:"上次你在幼儿园安慰哭泣的同学时,轻轻拍背的动作就特别让人安心。"用过往的成功经验建立信心,能有效破除"我不擅长"的魔咒。当其他孩子玩闹时,可以引导他发挥观察者优势:"要不要用你的画笔画下他们玩游戏的样子?你上次画的跳绳比赛的场景,连老师都夸生动呢。"这种基于特长的社交切入,既能帮孩子减轻压力,又能创造互动契机。当孩子积累足够多"被温柔看见"的瞬间,那层自我保护的茧便会自然脱落,露出内在的光芒。

👍 教子有方这样夸

孩子在人际交往中遇到挫折时,家长巧回应

888. 今天你和小明因为玩具发生了矛盾,但你没有大哭大闹,而是主动和他沟通，还主动道歉，这样的做法真是太得体了。

889. 今天虽然被小朋友们误会了，但你没有生气，而是耐心地解释清楚。我知道你心里可能很难受，但你能控制住自己的情绪，并且用冷静的方式解决问题，这真的非常了不起！

890. 今天你主动邀请小朋友一起玩，但被拒绝了，我知道这一定让你很难过。但你没有表现出不高兴，而是微笑着和他打招呼。你做得很好！

891. 今天在幼儿园，其他小朋友嘲笑你的画作，但你没有哭，而是坚持完成了自己的作品。这种坚定和自信的做法真的很了不起！

892. 今天在小组活动中，你被分配到了不喜欢的任务，但你没有抱怨，而是认真地完成了它。这种责任心和团队精神让我很佩服！

893. 今天在生日派对上，你一开始有点紧张，但后来你主动和大家一起玩游戏，还交到了新朋友。我知道你在努力克服紧张，而且你已经做得非常棒了！

孩子没有害怕被拒绝，而主动和其他小朋友打招呼时，家长巧回应

894. 宝贝，今天在公园里，我看到你主动向那个正在玩沙子的小朋友挥手打招呼，还走过去和他一起玩。你真的太棒了，没有因为害怕被拒绝就退缩，而是勇敢地迈出了第一步。

895. 宝贝，今天在图书馆的绘本区，我看到你主动向那个正在看书的小朋友打招呼，还分享了你最喜欢的故事书，真好！

896. 我知道你以前总是担心自己会被其他小朋友排斥，所以不敢主

第五章
人际交往——夸出社交小达人

动和他们玩。但今天,在课外班的课间休息时,我看到你主动向几个正在聊天的小朋友打招呼,还加入了他们的谈话。你真的在努力克服自己的恐惧,你很勇敢!

897. 宝贝,妈妈看到你今天主动和小明打招呼了,真的太棒了!你看,小明也很开心地回应了你呢!其实主动和人打招呼,不仅能让别人感受到你的友好,还能让自己交到更多朋友。

898. 我看到你今天在公园里主动和那个陌生的小朋友打招呼,还邀请他一起玩滑梯。你的勇气和友好真是令人惊喜,你不仅克服了内心的羞涩,还展现出了分享快乐的善良品质。

899. 我看到你今天主动和小朋友们打招呼,还和他们一起玩游戏。你不仅克服了自己的害怕,还交到了新朋友。这说明你真的长大了,也变得更勇敢了!

孩子没有因为自卑而回避与朋友或者同学交往时,家长巧回应

900. 你开始认识到每个人都有自己的独特之处,而你的独特正是吸引朋友的魅力所在。继续保持这份自信,你会收获更多的爱。

901. 你看,小明也很开心地回应你了!今天你已经勇敢地迈出了第一步,慢慢来,妈妈相信你会越来越自信!

902. 宝贝,我知道你以前因为觉得自己在某些方面不如别人而不敢主动交朋友。但今天我看到你鼓起勇气,向小明伸出了友谊之手。这种勇敢尝试的精神,比任何成就都值得骄傲。你已经迈出了最重要的一步,相信自己,你会越来越好的!

903. 我知道你可能因为觉得自己声音小而不喜欢在大家面前说话,但今天在小组讨论中,你虽然声音不大,但每一个字都充满了力量。你的观点很有价值,小伙伴们都很认真地在听。记住,每个人的声音都值得被听见,你的也不例外。

904. 宝贝,我知道你担心自己画画不好看,所以不敢在同学面前展示。但昨天画黑板报时,你大胆地动笔,那些色彩和图案真的很美。不要让自卑掩盖了你的光芒。

905. 我知道你担心自己说的话会让别人不开心,所以总是选择沉默。但昨天,你鼓起勇气向同学表达了自己的看法,虽然有些紧张,但你的真诚和善良让大家都感受到了你的温暖。记住,真诚的话语总能触动人心,你已经做得很出色了。

孩子主动尝试和小朋友或同学一起玩时,家长巧回应

906. 看到你主动邀请小朋友一起玩,我真的很高兴。这种主动精神,会让你在社交中更加游刃有余。

907. 宝贝,妈妈看到你今天主动和小朋友一起玩,你已经越来越勇敢了!你愿意迈出这一步,真的太棒了!

908. 今天在游乐场,你主动和小朋友们一起排队玩滑梯,还和他们一起聊天。虽然之前你总是有点害羞,但今天你迈出了很大的一步!我为你感到骄傲!

909. 我看到你今天主动邀请小明一起玩沙子,还和他分享了你的玩具铲子。你愿意和别人分享,还主动融入他们,这种开放和友好的态度真的很棒!

910. 今天你在公园里看到一群小朋友在放风筝,你主动走过去问他们能不能一起玩。你真的很棒,不仅敢于尝试新事物,还学会了如何融入一个新的群体。

911. 宝贝,我看到你在课间休息时主动和班上的新同学打招呼,还邀请他一起玩拼图游戏。你真的很有勇气,敢于主动迈出第一

第五章
人际交往——夸出社交小达人

步，和新朋友建立联系。

912. 今天你主动和小朋友们一起玩跳绳，虽然一开始有点跟不上节奏，但你没有放弃，一直坚持到最后，你做得太棒了！

孩子主动参与集体活动时，家长巧回应

913. 宝贝，看到你从最初的不爱说话到现在主动参与集体活动，真的让我刮目相看。现在的你不仅敢于表达自己，还能很好地融入集体，真是太棒了！

914. 记得以前你总是喜欢一个人待着，但今天你在集体活动中主动与小伙伴们玩耍，还分享了自己的玩具。看到你笑得那么开心，妈妈心里也暖暖的。你真的越来越善于与人交往了！

915. 宝贝，你在这次集体活动中表现得非常出色，不仅主动参与了游戏，还很好地协调了团队的合作。你的交际能力和团队协作精神都有了很大的提升，妈妈真为你感到骄傲！

916. 看到你从最初的不合群到现在能够主动与小伙伴们交流，妈妈真的很开心。你已经学会了如何与他人建立良好的关系，这种能力在未来的生活中会非常重要。继续加油，你会越来越出色的！

917. 宝贝，你在这次集体活动中展现出了很好的沟通能力和适应能力。你能够很好地理解他人的需求，并给予积极的回应。这种能力会让你在人际交往中更加游刃有余。

918. 看到你主动参与集体活动，与小伙伴们一起分享快乐，妈妈真的很欣慰。你已经不再是那个害羞、不合群的孩子了，现在的你更加开朗、自信。继续保持这种积极的心态，你会收获更多的友谊和快乐！

919. 宝贝，你在这次集体活动中不仅展现了自己的才华，还学会了如何欣赏和尊重他人。希望你能继续保持这种开放和包容的心态！

孩子交到好朋友时，家长巧回应

920. 爸爸看到你交到了新朋友，真的很开心！你已经越来越懂得如何和别人相处了。

921. 看到你找到了志同道合的朋友，我真的很为你高兴。友谊是人生中最宝贵的财富之一，要好好珍惜。

922. 我看到你最近和小朋友们相处得越来越好，还交到了新朋友！这说明你变得更加自信和开朗了，我特别为你感到骄傲！

923. 你最近总是主动和其他小朋友交流，并且还尝试和不同的人交朋友。这种主动和开放的心态让你在人际交往中越来越棒了！你真是个社交小能手！

924. 你现在不仅能和熟悉的朋友玩得很好，还学会了主动关心那些比较内向的小朋友，让他们也融入进来。你这么友善和包容，难怪大家都喜欢和你做朋友！

925. 你带着热情和笑容去和小朋友交往，这种积极的态度感染了很多人，让你交到了很多好朋友。继续保持，你会越来越受欢迎！

第二节 性格"冷漠"
——孩子助人为乐这样夸

场景演绎

周末,坤坤和小伙伴们一起在院子里玩耍。一个小伙伴不小心摔倒了,膝盖擦破了皮,疼得直哭。其他小伙伴都围过去帮忙扶起他,问他疼不疼,只有坤坤站在一旁,双手插兜地看着,没有上前帮忙,也没有安慰。等受伤的小伙伴被家长抱走后,坤坤才慢悠悠地走回自己家,仿佛刚才什么事都没发生。

场景解析

坤坤面对小伙伴受伤时的无动于衷，往往不是真正的冷漠，而是情感表达的"暂时性失语"。当其他孩子跑向伤者时，他僵立的身影可能藏着两种心事：或是被突发事件吓住而感到茫然无措，或是曾因表达关心未被理解而形成了保护性退缩。因此，这类孩子需要家长成为他们的"情感解码器"，帮他们翻译那些未说出口的善意。

敏锐发现孩子隐藏的关怀痕迹至关重要。当发现坤坤的书包侧袋常备创可贴，家长可以这样肯定："你提前准备防护用品的习惯真周到，就像随时准备帮助别人的小卫士。"这种将行为细节与优秀品质相关联的夸赞，能唤醒孩子对自身善意的认知。

创造低压力情境引导情感实践同样关键。比如，玩玩偶游戏时，当坤坤给"受伤"的玩偶盖纸巾，家长要及时强化："小熊感受到你的温柔，伤口都不疼啦。"这类即时反馈能建立情感回馈的正向循环。孩子某天主动给咳嗽的同伴递水，家长要关注到这个"破壳时刻"："你注意到他需要润喉的样子真细心。"这种基于事实的夸赞，能够像破冰船般打通情感流动的航道。当这些细微的温暖被不断照亮，孩子就会明白：表达关心不必惊天动地，一个创可贴的传递，一次轻声的问候，都是闪耀的善意星光。

教子有方这样夸

孩子主动帮助他人时，家长巧回应

926. 面对需要帮助的人，你主动伸出援手，真是善良又暖心。

第五章
人际交往——夸出社交小达人

927. 今天你主动帮邻居奶奶提菜篮子,还送她回家。这种关心长辈、乐于助人的品质真的很棒!

928. 今天你看到老师很忙,就主动去帮忙擦黑板,真是细心又体贴,为班级贡献了一份力量。

929. 宝贝,妈妈看到你今天主动帮小明捡起了他掉的书,那一刻你展现出的善良和乐于助人的品质,让妈妈感到非常骄傲。

930. 妈妈听说你今天主动帮同学找到了丢失的文具,你细心观察和乐于助人的行为,真是给同学们树立了一个好榜样。

931. 听说你今天在操场上扶起了摔倒的小朋友,你的这一举动虽小,却充满了体贴和关怀,让人感觉你是一个温暖的人。

孩子主动给别人讲题时,家长巧回应

932. 你不仅自己进步,还带动他人一起成长,妈妈相信你会成为更多人的榜样!

933. 宝贝,你今天主动帮小刚讲题,还鼓励他不要放弃。你真的是一个温暖又可靠的朋友!

934. 我看到你今天主动给小红讲题,还把你的学习方法分享给她。你真的是个乐于分享的好孩子!

935. 宝贝,你今天主动给同学讲题,还用自己的方式让他们理解。你不仅帮助了别人,自己也进步了很多。

936. 妈妈听说你今天主动帮同桌理解了难题,你不仅学习认真,还善良、有耐心,愿意花时间去帮助别人,真的很值得表扬!

937. 看到你耐心地为同学解答问题,那份专注和细致看起来真的很帅。你的教学方法,连我都想学一学呢!

孩子能够耐心倾听同学的烦恼时，家长巧回应

938. 宝贝，今天你耐心听小明倾诉烦恼，还安慰他。你这种能理解他人感受的同理心，真的很温暖人心，你真的是一个很贴心的朋友！

939. 我看到你今天认真听小红讲她的烦恼，还给她提了建议。你不仅是个好听众，还用智慧和善良帮她走出困境，太棒了！

940. 宝贝，你今天耐心听同学讲烦恼，还鼓励他要坚强。你的善良和鼓励就像阳光，给人力量！

941. 今天你主动听小刚倾诉，还陪他一起解决问题，你体现出的贴心和担当，让你闪闪发光，大家都需要这样的朋友！

942. 宝贝，你今天能坐下来，认认真真听同学说完他的烦恼，你真的有颗善解人意的心，同学心里肯定觉得好暖。

943. 宝贝，你能做到倾听同学的烦恼，不插话，不打断，真是个有同理心的好孩子。

孩子在情感表达、关心他人或社交互动方面有进步时，家长巧回应

944. 今天我看到你主动问小明为什么看起来不开心，还安慰他，你真的变得越来越温暖了！

945. 宝贝，今天你主动告诉我你在学校感到开心的事情，还分享了你的感受。妈妈真的很开心，感谢你愿意和我分享自己的事！

946. 昨天晚上，你主动给生病的奶奶打电话，问她感觉好些了吗，还说要去看望她。你能这样表达你的关心，爸爸觉得你真的长大了，学会了用心去感受家人的需要。

947. 今天在公园里，我看到你主动帮一个小妹妹捡起她够不到的风

筝，还耐心地教她怎么玩。你开始愿意花时间帮助别人，这种变化让妈妈感到很欣慰。

948. 你看到那些需要帮助的人，主动提出捐一些旧衣服和书籍给他们。你能有这样的同情心，愿意伸出援手，爸爸真的很为你骄傲。

949. 宝贝，我注意到你最近开始主动关心家里的植物和小动物，每天都会记得给它们浇水、喂食。你能这样细心地照顾它们，真是个有责任感的小主人。

孩子能够理解他人感受时，家长巧回应

950. 你学会了在他人需要时给予理解和支持，这份守护让人备感安心。

951. 理解他人感受，是成长中重要的一步。你做到了，而且做得非常出色！

952. 你不仅听到了对方的话，更读懂了背后的情感，你已经学会了用心去感受别人的世界！

953. 在复杂的人际关系中，你总能找到平衡，理解每个人的感受，这种成熟和智慧真的很值得表扬！

954. 你能够敏锐地感知到他人的情绪变化，这种细腻的观察力真的很了不起！你已经从一个旁观者变成了一个温暖的关心者！

955. 宝贝，你知道小明因为考试没考好而难过，你能理解他的失落，还安慰他，说明你是个善良的孩子。

第三节 争抢玩具、零食
——孩子主动谦让他人这样夸

场景演绎

周末,小明和弟弟小强在客厅玩耍。小强从柜子里拿出一包零食,正要拆开,小明立刻跑过去,一把抢过来,说:"这个是我的,我要吃!"小强急得直跺脚,伸手想夺回,小明却紧紧抱着零食,嘟囔道:"我还没吃呢,你不能抢!"小强委屈地哭了起来,小明却毫不理会,自顾自地吃了起来。

第五章
人际交往——夸出社交小达人

场景解析

孩子争抢玩具、零食，表面上看是对物品的占有欲在作祟，实则反映了他们尚未形成完善的分享意识和自我控制能力。学龄期孩子自我意识增强，但尚未充分理解"分享"的意义。因此，孩子看到喜欢的物品就想占为己有。若家长平时未明确引导，争抢便时有发生。

很多家长在遇到这种情况时，会简单粗暴地批评孩子"不乖"或"不懂事"，与其这样，不如通过积极引导帮助他们理解谦让和分享的重要性。比如，当小明主动分享零食时，家长可以夸赞："小明，你今天主动把零食分给弟弟，做得非常好！弟弟很开心，你也很有爱心。"具体夸赞孩子的分享行为，能让他感受到分享带来的积极影响，从而增强自信心和合作意识。

家长还可以通过日常活动培养孩子的分享意识，如一起做手工时引导他们分享材料，吃水果时鼓励他们先分给家人。当孩子表现出分享行为时，及时给予肯定和表扬："你把水果分给大家，大家都很开心，你真懂事！"这样的正面反馈不仅能让孩子感受到分享的快乐，还能帮助他们逐渐养成良好的习惯。

教子有方这样夸

孩子在争抢东西时理解了他人的感受，家长巧回应

956. 宝贝，你今天和佳佳在抢玩具熊时，突然停下来，你似乎理解了佳佳的难过。你很有同理心！

957. 你能够意识到自己抢别人东西的行为是不妥的,并且愿意改正,这种自我反省和勇于改正的精神真的很值得表扬。

958. 看到你争抢东西时突然停下来,主动向对方道歉,还提出一起玩,你的这种转变让我眼前一亮。你真的很有勇气去改正错误!

959. 宝贝,今天你看到小红因为没拿到玩具而难过,主动把玩具递给她,你真是个懂得关心他人、乐于分享的好孩子。

960. 你在和小朋友争抢时能够意识到自己的行为不当,并主动寻求和解,你这种解决问题的态度真的很值得称赞。

961. 宝贝,今天你和小明都想玩同一个玩具,但你看到他很着急,就主动让他先玩,你真是个善良大度的孩子。

962. 宝贝,今天你和小朋友们一起玩的时候,发现妍妍有点不开心,主动问她怎么了,并且陪她一起玩。你能察觉并关心他人的感受,真是一个温暖的小太阳。

963. 你今天和悦悦一起玩时,主动问她:"你是不是也想玩这个玩具?"你懂得考虑别人的感受,真是会体贴他人的好孩子。

孩子与同伴互相谦让时,家长巧回应

964. 你们一起玩玩具时,互相尊重、互相谦让,这样的画面真是太温馨了。

965. 宝贝,你今天主动让朋友先玩,这种谦让的行为让朋友更喜欢你了。

966. 宝贝,你今天主动把画笔让给小红用,你懂得为别人着想,这种体贴让妈妈特别自豪!

967. 你今天和朋友一起玩时,主动让对方先选玩具,你懂得用行动

第五章
人际交往——夸出社交小达人

表达关心，这种成长真的很珍贵！

968. 小明，当你看到小伙伴对那个玩具车爱不释手时，你主动说："你先玩吧，我等会儿再玩。"你的这份谦让，真的让人感动。

969. 宝贝，妈妈看到你今天主动把玩具让给小明玩，你懂得分享和谦让，让妈妈特别欣慰。

970. 宝贝，今天你和小丽一起玩的时候，你们互相谦让，没有争抢，还一起分享快乐。我发现，互相尊重和谦让让你们的友谊更深厚了！

孩子懂得耐心等待，不争抢时，家长巧回应

971. 今天在图书角里，你和小伙伴都想看同一本书，但你主动提出："要不我们轮流看吧？"你真的是一个有修养的孩子。

972. 今天你和朋友一起玩的时候，主动提出轮流玩玩具，而不是争抢。这种轮流的方法让你们玩得更开心。

973. 宝贝，今天在游乐场，你看到秋千被别的小朋友占着，却没有着急，而是耐心地等待，真是个成熟稳重的好孩子。

974. 宝贝，你今天自觉排队等待，没有争抢，这种耐心和礼貌让大家都很喜欢你。

975. 今天你心仪的玩具被另一个小朋友拿着，但你并没有争抢，而是耐心等待对方玩完后再玩。你真有耐心和礼貌。

976. 你真是个有智慧的孩子，当大家都想玩同一个玩具时，你懂得制订一些玩玩具的规则，并且大家都愿意遵守。你的领导能力真的很强！

孩子在公共场合谦让时，家长巧回应

977. 妈妈看到你今天在图书馆主动把书让给小朋友看，你真有风度。

978. 今天在餐厅，你主动把最后一块蛋糕让给弟弟，你用自己的行动证明了什么是真正的关爱。

979. 在游乐场里，你看到小伙伴很想玩滑梯，便说："你先滑吧，我等会儿再滑。"你的这份谦让，真的让人刮目相看。

980. 你刚刚和小伙伴们一起玩沙子时，看到有人想要你手中的铲子，就主动递给了他。你的这种无私和谦让的行为，让大家都感受到了友谊的温暖。

981. 宝贝，你刚刚和小伙伴们一起玩滑梯时，没有争抢，而是按顺序来玩。你的这种遵守规则和谦让的精神，值得表扬！

982. 孩子，你刚刚在玩具店看到心仪的玩具只剩下一个，但你却让给了刚进来的小朋友。这份善良和体贴，就像冬日里的暖阳，温暖了别人，也温暖了自己。

983. 宝贝，你在公园里和小朋友们一起玩球时，没有因为想要多玩一会儿而争抢，而是主动把球传给其他小朋友。这种分享和合作的精神，让游戏变得更有趣，也让友谊更深厚！

第四节 与同学、朋友闹矛盾

——孩子自己解决冲突这样夸

场景演绎

一天,在院子里玩耍时,洋洋不小心撞倒了亮亮正在搭建的沙土城堡,亮亮立刻生气地推了洋洋一下。洋洋大声喊:"我不是故意的!"亮亮却哭着说:"你每次都这样,不道歉还凶我!"洋洋气得脸红脖子粗,不知道该怎么解释和道歉,干瞪着眼看着亮亮哭,最后两人不欢而散,各自跑回了家。

场景解析

我们不难发现,孩子们在冲突面前,往往不知道如何表达自己的感受,也不知道如何倾听对方的想法。亮亮因为积木城堡被撞倒而感到委屈,他的情绪瞬间爆发,而洋洋则因为被误解而感到愤怒,两人的冲突不断升级。这种情况下,有效的沟通技巧和情绪管理能力就显得尤为重要。

要帮助孩子学会解决冲突,家长可以尝试通过具体的步骤引导孩子。比如,教孩子"三步法":第一步是冷静下来,深呼吸,避免冲动;第二步是表达自己的感受,用"我觉得……"的方式代替指责;第三步是寻找解决办法,一起商量如何弥补过错或解决问题。

在此期间,家长可以通过夸赞的方式来引导孩子学会这些技巧。比如,当孩子在冲突中主动道歉时,家长可以夸赞:"你做得真好,知道主动道歉,这说明你很懂事!"当孩子尝试理解对方时,家长可以说:"你真棒,能站在别人的角度思考问题!"当孩子们最终握手言和,重建友谊的桥梁时,家长不妨给予他们最真挚的夸赞:"你们太棒了!能够自己解决问题,真是勇敢又有智慧的孩子!"通过具体的夸赞,孩子会感受到解决冲突带来的成就感,从而更愿意主动化解矛盾。

教子有方这样夸

孩子独立解决矛盾冲突时,家长巧回应

984. 宝贝,今天你和朋友发生矛盾,但你没有发脾气,而是主动去

第五章
人际交往——夸出社交小达人

和他和解。你不仅解决了问题,还让友谊更牢固了。

985. 你长大了不少呢,能够自己处理矛盾,不需要大人帮忙。这种独立性是你成长的重要标志,真为你骄傲!

986. 你通过有效的沟通解决了矛盾,这不仅让问题得到了圆满解决,还让你们之间的关系更加融洽。你真的做到了用沟通化解冲突!

987. 你真的太棒了,能够自己面对矛盾,用智慧和勇气找到解决的方法,而不是依赖大人。你用自己的行动证明了自己的成长!

988. 你今天在解决矛盾时表现得特别成熟,不仅自己解决了问题,还让对方也感到被尊重。这种独立解决问题的能力真的很了不起!

孩子在发生矛盾后能够自我反思,家长巧回应

989. 我看到你今天和同学发生矛盾后,没有指责对方,而是先反思自己,你真的长大了!

990. 宝贝,今天你和朋友闹矛盾后,没有生气,而是主动反思自己的问题。这种自省能力,会让你变得更加优秀和成熟。

991. 宝贝,今天你和朋友闹矛盾后,没有推诿,而是主动反思自己的行为。这种勇于承担的态度真的值得表扬。

992. 你今天和朋友闹矛盾后,主动说"我也有不对的地方",你懂得了如何用真诚化解矛盾,这种处事方式值得表扬。

993. 面对矛盾,你没有逃避,而是勇敢地尝试解决,并进行了自我反思。这种担当和智慧令人钦佩。

994. 你今天和同学在制订游戏规则时产生了矛盾,但你能够虚心接受别人的意见,反思自己的错误,真是个谦逊有礼的小君子。

孩子学会控制自己的情绪，避免冲动行为时，家长巧回应

995. 妈妈看到你今天和同学发生争执后，主动提出"我们冷静一下再谈"，你已经学会了如何用冷静的态度解决问题，你的成长让妈妈特别开心！

996. 我看到你今天和同学产生冲突后，没有生气，而是冷静地和他沟通。你不仅解决了问题，还学会了独立处理冲突。这种能力太棒了！

997. 今天你和朋友闹矛盾后，没有哭闹，而是自己想办法解决了问题。这种独立和勇敢真的很让人欣慰。

998. 妈妈看到你今天和朋友发生争执时，没有大喊大叫，而是深呼吸冷静下来。你慢慢学会了控制情绪，你真的进步了！

999. 宝贝，妈妈听说你今天和朋友之间发生了些小摩擦，但你没有发脾气，而是冷静地沟通，这种成熟的表现真的很了不起！

孩子学会耐心听对方说完，理解对方的想法和感受时，家长巧回应

1000. 宝贝，你今天和小伙伴闹矛盾后，耐心听完朋友的想法，还主动表达了你的理解。这种成熟的态度不仅化解了矛盾，还让你们的友谊更牢固了。

1001. 宝贝，你今天耐心听完朋友的解释后，没有生气，反而主动安慰他。你这种理解和包容的态度，真的让人感觉很温暖。

1002. 我看到你今天在和朋友闹矛盾时，没有急着反驳，而是安静地听他说完。这种耐心和冷静的应对方式，说明你变成熟了。

1003. 爸爸听说你今天和同学发生争执时，没有打断对方，而是认真听完他的想法。你已经懂得了如何用倾听化解矛盾，说明你真

第五章
人际交往——夸出社交小达人

的长大了。

1004. 宝贝,今天你和小明因为排队的问题闹了点小矛盾,但你没有生气,而是耐心听他解释为什么那么着急。你不仅理解了他的感受,还主动让他排在前面。这种耐心和谦让值得我们学习。

1005. 宝贝,你今天教会了我们一个重要的道理:倾听是解决问题的第一步。你让我们相信,通过沟通和理解,任何矛盾都能迎刃而解。

孩子学会采用双方都能接受的方案,而不是坚持己见时,家长巧回应

1006. 你就像一位外交家,总能在矛盾中找到双方都能满意的平衡点,这种能力真的很了不起。

1007. 宝贝,妈妈听说你今天和朋友因为玩具分配闹矛盾后,主动提出"我们轮流玩吧",你真的很有智慧!

1008. 你总能找到让双方都满意的解决方案,实现共赢,这种领袖气质在未来的学习和生活中都会给你带来很大的帮助。

1009. 宝贝,你今天没有固执己见,而是主动提出一个让大家都能接受的方案。你的智慧和包容心,真是让人刮目相看!

1010. 宝贝,今天你和朋友因为游戏规则发生分歧,你没有冲动,而是耐心地听完他的解释。你不仅理解了他的想法,还主动提出一个大家都能接受的方案。这种成熟的表现,说明你真的长大了!

1011. 今天你和小红因为玩具争执,我看到你没有抢着说话,而是安静地听完她的想法。你不仅理解了她为什么那么想玩那个玩

具，还主动提出一起分享。这种耐心和包容真的很棒！

孩子能够用适当的方式对同伴表达自己的情绪时，家长巧回应

1012. 宝贝，今天你用温和的方式表达了自己的感受，而不是生气或大喊大叫。这种冷静和成熟的态度太棒了，大家都很喜欢和你做朋友！

1013. 妈妈看到你今天和同学发生争执时，没有冲动，而是用温和的语气表达了自己的情绪，真的太棒了！你已经学会了如何用适当的方式解决问题，这种成长让妈妈特别开心！

1014. 宝贝，今天和同学发生矛盾时，你能用清晰的语言告诉同学你感到难过的原因，这种直接而诚实的表达方式，让大家都能更好地理解你！

1015. 我真的感到很意外，和同学之间发生不愉快的事后，你竟然画了一幅画来表达自己的歉意和和解的意愿，巧妙地化解了冲突。

1016. 你通过写日记，找到了解决矛盾的关键点，并主动与对方沟通。你的自我反思和情绪管理能力，让你成为大家信赖的朋友。

1017. 宝贝，你在处理矛盾时，能够站在对方的角度思考问题，这种换位思考的能力让你找到了双方都能接受的解决方案。你的宽容和智慧，让大家都愿意与你和睦相处。

1018. 今天你能主动向老师或同学寻求帮助，以和平的方式解决矛盾，你表现出来的勇气和开放的心态是我们学习的榜样！

第五节 不善于团结合作
——孩子与同学共同完成任务后这样夸

场景演绎

在社区组织的儿童足球比赛中,小明总是独自带球,不愿意传球给队友。队友提醒他:"小明,把球传给我,我们配合一下。"小明却回应:"我自己能进,不用你们帮忙。"比赛中,小明多次因为不传球而错失进球机会,最终,队伍输掉了比赛,小明却还在抱怨队友没有配合好,完全没意识到自己的问题。

场景解析

孩子不善于团结合作的现象背后，往往隐藏着多种原因。首先，孩子可能过于关注个人表现，而忽视了团队的整体利益。小明的行为正是这种自我中心意识的体现。其次，孩子可能缺乏团队合作的经验和技巧，不知道如何在团队中发挥自己的作用。最后，孩子可能对团队合作的重要性缺乏深刻理解，认为个人能力比团队协作更重要。

面对孩子缺乏合作精神的问题，关键在于引导与教育。首先，家长和教师应强化孩子的团队意识，通过具体事例讲解合作的重要性，让孩子明白"众人拾柴火焰高"的道理。其次，鼓励孩子参与集体活动，设置需要团队协作的任务，如拼图游戏、小组作业等，让孩子在实践中体验合作的乐趣与成效。同时，教会孩子沟通技巧，鼓励他倾听他人意见、表达自己的观点，这是团队合作中不可或缺的一环。

当然，适时的夸赞也是激励其改变的有效方式。当发现孩子在团队中展现出主动传球、协助队友等合作行为时，应及时给予正面反馈，强调其合作对团队成功的贡献。这样不仅能增强孩子的自信心，还能激发其持续合作的积极性，逐步培养其成为懂得协作、善于团结的优秀个体。

教子有方这样夸

孩子意识到集体合作的重要性，家长巧回应

1019. 宝贝，看到你积极参与集体活动，和大家一起努力完成任务，

第五章
人际交往——夸出社交小达人

我们心里特别高兴,你开始懂得团队合作的力量了。

1020. 孩子,你以前在集体活动中总是我行我素,现在能够积极与伙伴们合作,共同解决问题,我们由衷地感到欣慰。继续保持这份开放和包容的心态吧。

1021. 今天在小组活动中,你没有只顾自己,而是主动关心其他小朋友的感受,还帮助他们解决问题,这种团结合作的精神值得表扬。

1022. 宝贝,妈妈看到你今天在小组活动中主动问同学"需要帮忙吗",你懂得关心队友,说明你已经有团队合作的意识了。

1023. 昨天在小区的足球友谊赛中,你不再是那个只顾自己踢球的小前锋了。你开始主动与队友沟通战术,鼓励他们传球,你开始懂得,集体的力量远远大于个人,这种团队协作的意识,是你成长道路上宝贵的财富。

孩子在集体中主动承担自己的那份责任时,家长巧回应

1024. 宝贝,今天在集体活动中,你主动承担了自己的责任,没有推诿,也没有抱怨,你真的进步了很多!

1025. 今天轮到你值日,你没有推脱,而是很认真地打扫了自己的区域,还提前完成了任务。你这种主动负责的态度太棒了!

1026. 在今天的班级清洁活动中,你没有像往常一样等待分配任务,而是主动拿起扫帚,开始清扫教室的角落。你开始懂得,每个人的小小努力,都能汇聚成集体的巨大力量。

1027. 宝贝,你今天在小组作业中主动承担起了整理资料的任务,而且完成得既迅速又准确,你的这份责任心和自律性,给大家树立了一个好榜样。

1028. 在学校的艺术节筹备中，你主动承担了布置舞台背景的工作。虽然你只是团队中的一部分，但你对待这项任务的态度却十分认真，每一个细节都力求完美。你的这份责任感和专注，想必也让团队的其他成员深受鼓舞。

1029. 宝贝，今天在学校的科学小组里，你主动承担起了记录实验数据的任务，虽然这看似是个"简单"的任务，但你却从未马虎对待。你的这份细心和责任心，一定让队友们感到十分安心。

孩子在集体活动中能够倾听他人意见，没有急于表达时，家长巧回应

1030. 妈妈看到你今天在团队游戏中，主动和队友商量策略，还认真听他们的意见，你真的成长了很多。

1031. 宝贝，今天在小组讨论时，你没有急于表达自己的想法，而是先认真听了其他小朋友的意见。这种尊重他人的行为值得表扬！

1032. 今天在班级活动中，你没有急着说出自己的想法，而是安静地听完老师和其他同学的发言。老师说你表现得很成熟，懂得倾听的重要性。

1033. 宝贝，你在今天的班级讨论中表现得非常出色。即使你心里已经有了明确的答案，但你依然选择耐心地听完所有人的意见，才发表自己的看法。你展现了极高的尊重和理解他人的能力！

1034. 宝贝，妈妈看到你今天在社区活动中认真听完志愿者的讲解后才提问，真的太棒了！你学会了耐心倾听！

1035. 宝贝，你今天在户外活动中认真听了领队的安排，没有急着提

第五章
人际交往——夸出社交小达人

出自己的意见,你学会了用耐心和尊重去对待别人的建议,这种进步值得表扬!

孩子在集体中,学会表达自己的想法和需求时,家长巧回应

1036. 你今天在小组里大胆说出自己的想法,这不仅帮助了团队,也让你自己更有自信。你的声音很重要,大家都需要听到它!

1037. 宝贝,你今天勇敢地表达了自己的需求,这让团队能够更清晰地理解你的立场和想法。更重要的是,你不仅学会了如何有效表达,还懂得了如何促进团队的和谐与沟通。

1038. 今天你主动分享了自己的想法,这不仅让团队活动更高效,也让大家更愿意和你一起合作。

1039. 你今天能够主动与同学交流,条理清晰地表达自己的想法和需求,真的太棒了。你还把大家不同的看法都串联起来,让团队里的每个人都能更好地理解彼此,合作也更加顺畅了。

1040. 你在表达自己的想法时,还不忘倾听他人的声音,这样不仅让团队更加和谐,也让我们看到了你作为未来领导者的潜力。

1041. 宝贝,你今天的表现让我刮目相看。你学会了如何在集体中有效地表达自己的想法,既不冒犯他人,又能清晰传达。你的这份沟通技巧,是成长中不可或缺的能力。

1042. 在今天的讨论中,你的发言让团队眼前一亮。你不仅表达了自己的想法,还提出了建设性的建议。你的这份智慧和贡献,让团队更加团结和有力。

孩子能够和同学一起协作打扫卫生时,家长巧回应

1043. 宝贝,你今天打扫卫生时的笑容和热情,感染了每一个人。你不仅让劳动变得快乐，还让团队感受到了团结和友爱的力量。你就像一位快乐的使者，传递着正能量。

1044. 你今天和同学们一起布置舞台时，主动提出了一些好主意，让任务完成得更快，真是个勤劳又机智的好伙伴！

1045. 在今天的打扫卫生活动中，你展现出了小小领导者的风范。你组织同学们分工合作，确保任务顺利完成。你真是个优秀的团队小领袖！

1046. 你今天和同学一起整理教室，不仅认真负责，还懂得如何与别人配合，真是越来越懂得如何进行团队合作了。这种进步真的很棒！

1047. 宝贝，今天你和同学们一起打扫卫生，没有抱怨，也没有推诿。你这种积极的态度让整个打扫过程都很愉快。

1048. 今天你和同学们一起画黑板报，不仅完成了自己的任务，还主动帮忙。这种团队精神很宝贵。

第六节 见人不打招呼
——孩子主动叫人问好这样夸

场景演绎

周末,小芳随父母去拜访亲戚。一进门,客厅里坐着的几位长辈就热情地和他们打招呼。小芳的父母微笑着示意小芳叫人,可小芳却躲在父母的身后,低着头,双手紧紧抓着衣角。无论父母如何鼓励,她就是不开口打招呼,只是偶尔偷偷抬头看一下那些陌生的面孔,然后又迅速低下头。

> **场景解析**

我们认识的人，对孩子来说很可能是陌生人。他们在面对陌生人时，往往感到不信任和不安全，因此不愿打招呼。而且，孩子的先天气质也各不相同，有的孩子敏感谨慎，有的孩子则天生外向。另外，他可能还不理解什么是"有礼貌"，觉得打不打招呼和礼貌没什么关系。

为了帮助孩子克服这一障碍，家长可以先鼓励他们与亲近的人打招呼，让他们逐渐理解打招呼是表达友好的方式。当孩子能够自如地与熟悉的人打招呼后，再引导他们与不熟悉的人打招呼。需要注意的是，当孩子不愿打招呼时，家长可以代为表达他们的感受，以缓解尴尬并安抚孩子。

为了让孩子更容易接受陌生人，家长还可以为他们创造更多与他人相处的机会，如带孩子与其他小朋友一起玩耍，或参加聚会等活动。随着相处时间的增加，孩子将逐渐适应与陌生人交往，更容易养成打招呼的习惯。特别是当孩子鼓起勇气打招呼时，家长应给予肯定和真诚的夸赞，让孩子感受到打招呼带来的成就感，从而更愿意主动问好。

> **教子有方这样夸**

孩子没有因为害羞或紧张而不敢打招呼时，家长巧回应

1049. 你今天主动和叔叔说了"再见"，叔叔夸你懂事，还说下次要给你带礼物呢！

第五章
人际交往——夸出社交小达人

1050. 宝贝,今天看到新来的老师,你没有害羞,而是主动问好,老师夸你是个很有礼貌的孩子呢!

1051. 今天去邻居家玩,你没有因为紧张而躲起来,而是大方地和叔叔阿姨打招呼。你越来越勇敢了呢!

1052. 今天在公园里,你虽然一开始有点害羞,但最后还是鼓足勇气向那位画画的大哥哥问了好,这种克服害羞的努力,让我看到了你自我突破的潜力。

1053. 宝贝,今天在伯伯家做客,你没有因为害羞而躲在妈妈身后,而是主动和他们打招呼,还和他们聊天。伯伯说你长大了,越来越大方了。

1054. 宝贝,今天在小区遇到李奶奶,你没有害羞,而是主动和她打招呼,还问她好。李奶奶可开心了,她说你是个有礼貌的小伙子。

孩子没有因担心自己的表达不够好,或者别人不喜欢自己,而不敢打招呼时,家长巧回应

1055. 宝贝,你今天的笑容比阳光还灿烂,你没有因为担心自己说话不够流利就躲闪,而是大方地和别人问好,这样的自信,比任何华丽的辞藻都更能打动人心。

1056. 你知道吗?你刚才对那位爷爷说的话,虽然简单,但充满了真诚。你没有因为害怕别人不喜欢就沉默,反而赢得了他们的喜爱和夸奖,真是太棒了!

1057. 看到你自信满满地向新朋友介绍自己,没有因为担心自己的表达不够好而退缩,说明你已经学会了用行动去克服恐惧。

1058. 你今天对那位叔叔说的"您好",虽然只是两个字,但让对方感受到了你的尊重和热情!

1059. 看到你主动和新同学打招呼,没有因为担心自己的表现而犹豫,这样的自信,是成长路上最宝贵的财富。

1060. 宝贝,你今天主动和邻居叔叔打招呼,不再担心自己会说错话,这种进步真的让妈妈特别开心!继续加油!

孩子学会用合适的方式主动打招呼时,家长巧回应

1061. 今天在图书馆,你安静又礼貌地和管理员阿姨打招呼,阿姨说你是最懂礼貌的小读者!

1062. 你今天主动和奶奶打招呼,还给了她一个大大的拥抱,奶奶说这是她一天中最幸福的时刻。

1063. 你今天和阿姨打招呼的时候,夸阿姨"今天穿得真漂亮",阿姨听了之后乐得合不拢嘴,你真是个会说话的小机灵鬼。

1064. 你知道吗?你用那种既亲切又不失礼貌的方式向长辈问好,让大家都觉得你是一个特别有教养的孩子。

1065. 宝贝,你今天不仅主动向遇到的每一个人问好,还根据不同的对象选择了恰当的称呼和语气,这样的细心和礼貌,真是让人印象深刻。

1066. 妈妈看到你今天微笑着和同学打招呼,真的太棒了!你学会了用合适的方式表达,这种礼貌让妈妈特别开心!

1067. 宝贝,今天你用礼貌的方式和新朋友打招呼,还分享了你的零食。新朋友被你的友善和热情打动,你真是个社交小达人!

孩子主动和陌生人打招呼互动时,家长巧回应

1068. 宝贝,你今天主动向来做客的叔叔阿姨问好,还和他们分享自

第五章
人际交往——夸出社交小达人

己的零食,你的热情让客人赞不绝口。

1069. 宝贝,我看到你今天主动和公交车司机叔叔打招呼了。你不再害怕和陌生人互动,妈妈相信你会越来越擅长与人相处的!

1070. 宝贝,你今天主动和小区保安叔叔说"您好",这种勇气真的很值得表扬!继续加油!

1071. 今天在咖啡馆,你用一句"叔叔阿姨,你们喝咖啡吗?"问候朋友的父母,简单又真诚,让他们感受到了你的礼貌。

1072. 你知道吗?今天在餐厅里点完餐后,你礼貌地向服务员说了"谢谢",虽然只是简单的两个字,但那份真诚让人感到特别温暖,服务员也亲切地对你微笑呢。

1073. 看到你主动和客人聊天,还给他们介绍家里的每一个角落,你的热情让客人一下子放松下来,连家里的氛围都变得更温馨了,大家都夸你是个贴心的小主人。

1074. 宝贝,今天在医院,你用礼貌用语和护士阿姨打招呼,声音甜甜的,护士阿姨都忍不住摸了摸你的头,夸你懂事又有礼貌,妈妈心里特别为你骄傲呢!

孩子大方回答别人的问题时,家长巧回应

1075. 宝贝,今天老师问问题时,你大方地举手回答,声音又清晰又自信。

1076. 今天在社区活动上,主持人问喜不喜欢今天的节目,你大方鼓掌并说"喜欢",那灿烂的笑容和响亮的回答,就像个小太阳,真是个活力满满的小观众呢!

1077. 宝贝,你今天在客人面前没有因为害羞而躲闪,大方地回答了问题,这份自信和从容真是让人眼前一亮。

1078. 你知道吗？你刚才回答老师问题的时候，声音清晰有力，内容条理清晰，展现了你的聪明才智和良好的表达能力。

1079. 你今天在面对长辈的询问时，回答非常得体，既礼貌又谦逊，让长辈们都夸赞不已。

1080. 看到你面对陌生人的提问时，不仅不慌张，还能迅速组织语言，给出恰当的回答，这种随机应变的能力和落落大方的态度，真是让人由衷地感到欣慰和骄傲。

第七节 爱插嘴、接话茬
——孩子安静倾听后这样夸

场景演绎

饭桌上，叔叔正和爸爸聊起最近的电影，辉辉突然插嘴："那部电影我看过，一点都不好看！"叔叔还没来得及回应，辉辉又抢着说："我最喜欢的是《哪吒》，你们都没看过吧！"妈妈提醒他："辉辉，别插嘴，等叔叔说完。"辉辉完全没意识到打断别人讲话是不礼貌的。

场景解析

6～12岁的孩子正处于自控力发展的阶段，他们往往难以抑制自己的冲动，容易在兴奋时脱口而出。辉辉的插嘴行为正是这种自控力不足的表现。同时，这也反映了孩子的表现欲。他渴望分享自己的想法，希望得到大人的关注和认可。这种表现欲是孩子自我表达能力的体现，但如果缺乏适当的引导，可能会被视为不礼貌的行为。

面对这样的情况，家长与其直接批评孩子"不礼貌"，不如通过夸赞式引导来帮助孩子理解正确的社交礼仪。比如，妈妈可以在饭后对辉辉说："辉辉，你今天很积极地分享了自己的想法，这很好！不过，如果能等叔叔说完再表达，大家会更愿意听你的想法哦。"通过这种夸赞和建议相结合的方式，既肯定了孩子的积极性，又引导他学会等待和倾听。还可以通过游戏模拟场景，让孩子体验"倾听者"和"表达者"的角色，并及时鼓励："你刚才等别人说完才说话，真是一个小绅士！"

孩子的成长需要耐心和智慧的引导，辉辉的"抢话"并非不可改变，父母的积极反馈，不仅能让孩子掌握社交礼仪，还能让他们在成长中逐渐形成尊重他人、善于倾听的良好品质。

教子有方这样夸

孩子等待大人说完话后再开口时，家长巧回应

1081. 看你今天能耐心地等我说完再回应，我感受到了你的尊重和礼

第五章
人际交往——夸出社交小达人

貌,你真是个有教养的好孩子!

1082. 爸爸听说你今天等老师讲完问题后才举手回答,你不仅认真听讲,还懂得尊重别人的发言,这种进步真的很棒!

1083. 宝贝,你今天等同学说完话后才发表意见,说明你不仅懂得倾听,还学会了尊重别人的想法!

1084. 宝贝,你今天真的表现得非常耐心,能够完整地听完我的话再开口,这样的等待展现了你的尊重和礼貌,你真是个小绅士呢!

1085. 你学会了在对话中保持耐心,等待对方说完再表达自己的想法,这样的沟通技巧会让你在交流中更加受欢迎,成为一个社交小能手!

孩子安静倾听别人说话时,家长巧回应

1086. 你真的很会陪爷爷奶奶聊天,今天你耐心地听他们讲述过去的故事,表现出专注和兴趣,让他们非常开心。

1087. 宝贝,你今天在倾听别人说话时特别专注,眼神里充满了尊重和好奇,你真是一个优秀的倾听者。

1088. 宝贝,今天在博物馆听讲解员阿姨介绍文物时,你安静地听完每一个细节,你这种专注和耐心太棒了,难怪讲解员阿姨都夸你呢!

1089. 今天在图书馆的故事会上,你安静地听完每一个故事,一次都没有走神,连叔叔阿姨都夸你专注呢。

1090. 宝贝,今天在公园听讲解员叔叔介绍植物时,你安静地听完每一个知识点,连小花小草都为你点赞。

1091. 你今天认真听妈妈讲完故事,没有打断,你的专注和尊重不仅

让妈妈感到很开心,也能让你更加深入地理解故事的内容和寓意。

孩子懂得在他人谈话时不插嘴,家长巧回应

1092. 你今天在妈妈和朋友谈话时安静等待,你学会了控制自己的表达欲望,真的很棒!

1093. 宝贝,你今天在同学讨论时没有插嘴,你不仅懂得尊重别人,还学会了耐心等待,这种进步真的很值得表扬!

1094. 宝贝,你今天没有打断别人说话,而是安静地等待,非常有耐心,也很懂礼貌。

1095. 你今天的尊重行为让我很欣慰,懂得在他人谈话时不插嘴,这是对他人的尊重,真是个有素质的孩子!

1096. 你今天能够在他人讲话时保持安静,专注地理解对方的意思,真是个懂得倾听、富有同理心的好孩子。

1097. 我注意到你今天在和朋友聊天时,即使对某个话题很感兴趣,也没有急于插话,而是等待合适的时机再分享你的看法,这体现了你的自控力和社交礼仪的提升。

1098. 你真的越来越懂礼貌了,知道在大人们谈话时保持安静,不打扰他们。

孩子学会适时加入谈话时,家长巧回应

1099. 你今天的表现让我很惊喜,能够在谈话中适时地表达自己的看法,同时保持与他人的良好互动,真是个有魅力的孩子!

1100. 妈妈看到你今天在大家讨论时适时表达自己的想法,真的太棒了!你不仅学会了倾听,还懂得了选择合适的时机参与,这种

第五章
人际交往——夸出社交小达人

进步让妈妈特别开心！

1101. 宝贝，今天你真的让我刮目相看！在大家聊天的时候，你选择了在话题转换的自然间隙插入你的想法，既不打断别人的话，又让自己的声音被听到。这就是适时的魅力，你掌握得真好！

1102. 宝贝，在家庭聚会中，你总能敏锐地利用到大家讨论的间歇，恰到好处地分享你的见解。你今天的表现真的非常得体。

1103. 宝贝，今天你在和朋友们玩游戏时，能耐心地听完游戏规则，然后在游戏进行中适时地提出建议，这样既尊重了规则，又展现了你的创造力。

1104. 宝贝，我注意到你今天在和小伙伴聊天时，能耐心地听完他们的想法，然后在你认为可以补充或分享观点的时候才开口说。这样既展现了你的同理心，又让对话更加流畅和愉快。

孩子没有急于表达自己的想法或需求时，家长巧回应

1105. 今天在超市购物，当你看到心仪的玩具时，你没有立刻要求买下来，而是先听妈妈解释我们的购物计划和预算，再表达自己的需求，真是个懂事的孩子。

1106. 宝贝，今天在家庭聚会时，你没有急着打断大家说话，而是安静地听完每个人的想法再发言。这种耐心和尊重让大家都很喜欢你，你真的进步了很多！

1107. 今天在公园里，你和朋友们一起玩沙子，当小明正在讲述他建造城堡的想法时，你没有急于展示自己的作品，而是安静地听完再分享你的创意。这样的耐心和尊重，让你们的友谊更加深厚，你真是个懂得倾听的好朋友。

1108. 宝贝，今晚晚餐时你像变了个人！当爸爸在分享工作时的小故

事时,你没有像以前那样急着插话,而是耐心地听完再分享你的想法。看来你学会了"先听后说",这不仅让爸爸的故事更精彩,也让餐桌上的气氛更和谐啦!

1109. 老师说今天他在课堂上讲解新知识时,你没有像以前那样迫不及待地举手发言,而是先认真听讲,确保理解后再提出疑问。这样的学习态度,让你在课堂上更加专注和高效了!

1110. 看完一集动画片,当大家都在讨论剧情时,你没有急着说出自己的猜测,而是先听哥哥姐姐们的观点,再分享你的想法。先倾听后发言,让大家的交流更加精彩了!